LA COCINA DE PATRICIA QUINTANA

SOPAS

- Sopas
- Chiles
- Carnes
- Cocina al natural mexicana

SOPAS

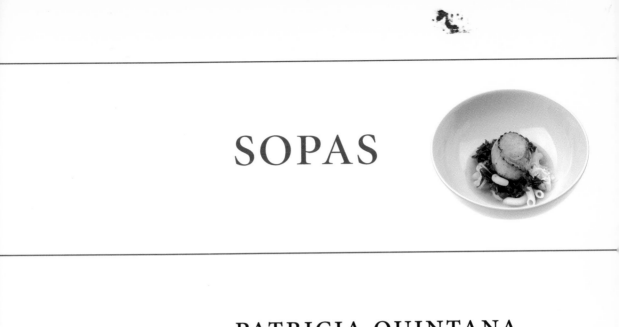

PATRICIA QUINTANA

LA COCINA DE PATRICIA QUINTANA
SOPAS

ÍNDICE

LA COCINA DE PATRICIA QUINTANA
SOPAS

PRESENTACIÓN

———

El arte culinario mexicano es una expresión humana que refleja la comunión perfecta de la experiencia sensorial de los dones de la tierra y el amor por las tradiciones y las enseñanzas que hemos heredado de nuestras raíces.

Nuestra gastronomía nace y se recrea a través de los sentidos. La apetencia por los guisos tradicionales surge cuando admiramos el colorido de los mercados: las canastas de palma tejida rebosantes de quelites, lechugas, rábanos, jitomates, papas, cebollas blancas y moradas. Al sentir la textura de los chiles anchos, poblanos, mulatos, serranos; de las hojas de maíz secas, de los nopales, de los miltomates, evocamos el recuerdo vivo de su sabor tan familiar. Los aromas del cilantro, el epazote, la hoja santa, de las hojas de aguacate y de plátano despiertan el antojo por la infinidad de sazones que matizan el sabor del maíz, el frijol, las carnes, los mariscos, los pescados.

La diversidad de ingredientes que forman parte del festín culinario es una característica muy valiosa de nuestra gastronomía, sin embargo, el elemento que le da esa identidad incomparable es el corazón que ponen las mujeres en esta noble tarea. Esta devoción es parte de las tradiciones que provienen desde la época prehispánica; de nuestros abuelos, quienes de boca en boca, de corazón a corazón nos enseñaron a apreciar con humildad a la naturaleza y sus frutos. Para ellos, el mundo natural y lo sobrenatural se entrelazaban, ligados íntimamente en el equilibrio cotidiano. Así, las artes culinarias matizadas por un sentimiento sagrado y místico alimentan tanto al cuerpo como al espíritu de los hombres.

La fusión con la cultura occidental y la oriental permitió un gran enriquecimiento gastronómico. Este legado se mantiene vivo en nuestras propias recetas que se han hilado con diversos gustos que llegaron de otras tierras: de Europa, las almendras, el aceite de oliva, las cebollas, el ajo, la leche, los quesos, la crema, el puerco, el vino, las aves; de Asia, la pimienta negra, el jengibre, la soya, el arroz; del Caribe, el arroz con pollo, el pimiento dulce, los frijoles en sofrito, los picadillos, el plátano verde, la yuca, el ajo, el pescado en escabeche y los cascos de guayaba. Nuestra comida refleja ese intercambio cultural en donde la historia se proyecta, se compenetra, se revive.

Los guisos con el particular sazón de cada región de nuestro país son un maridaje único de las sinfonías de color y sabor de sus elementos esenciales: los jitomates, los tomatillos, el chile serrano, el jalapeño, el cacahuate, la vainilla, el chocolate, el pulque. La comida es la manifestación artística más representativa de nuestras fiestas y ferias; así, al paso de las generaciones, nuestra profunda sensibilidad del festejo y el enamoramiento por el sabor se perpetúan en nuestras tradiciones.

Desde pequeña, la cocina ha sido para mí remembranza y descubrimiento que se interioriza, se reflexiona. Es, como todo en la vida, un ir y venir de encuentros con la naturaleza, con la tradición, con nuestra esencia. Cada receta que presento en esta serie de obras es para mí una expresión imperecedera que define nuestro ser mestizo. Es un patrimonio vivo y cambiante que se ha enriquecido y renovado, que fluye intuitivamente según la inspiración adquirida a través de la búsqueda culinaria realizada por todos los rincones de México durante años.

Espero que disfruten estos libros, cada uno de ellos es un reencuentro con nuestro país que cautiva los sentidos y deleita al corazón a través de aromas, texturas y sabores.

PATRICIA QUINTANA

CALDO XÓCHITL
CON FLOR

PARA EL CALDO DE POLLO:

6	alones de pollo enteros
2	piernas de pollo con muslo
1	pechuga de pollo entera con hueso
2	cebollas medianas cortadas en cuarterones
20	tazas de agua
1	cabeza de ajo sin piel, partida por la mitad
4	zanahorias sin piel, cortadas
4	nabos sin piel, cortados
1	poro cortado
12	ramitas de perejil frescas
2	hojas de laurel frescas
2	ramitas de tomillo frescas
2	ramitas de mejorana frescas
½	cucharadita de pimienta entera
2½	cucharadas de sal o al gusto

PARA LA GUARNICIÓN:

2	tazas de arroz cocido
2	tazas de flor de calabaza picada
	Pechuga de pollo cocida, deshebrada
½	taza de queso fresco o panela, cortado en cuadritos
2	chiles chipotles adobados
1½	cebollas medianas finamente picadas
8	chiles serranos finamente picados
1	taza de cilantro finamente picado

PARA PREPARAR EL CALDO:

Ase la piel del pollo y lávelo. En una olla caliente el agua, agregue la mitad de la sal y los alones y las piernas de pollo limpios. Espúmelo. Añada las verduras y las hierbas de olor. Sazone. Continúe su cocción a fuego lento durante 1½-2 horas. Incorpore la pechuga de pollo ½ hora antes del término de cocción, para que no se reseque. Deje que se enfríe, desgráselo y cuélelo.

PRESENTACIÓN:

Coloque al centro del plato sopero un timbal de arroz, adórnelo con la flor de calabaza y esparza alrededor la pechuga de pollo deshebrada y el resto de la guarnición. Ponga en una jarra el caldo hirviendo y sírvalo.

VARIACIONES:
- Sustituya los alones por medio pollo limpio.
- Sirva el caldo hirviendo en platos individuales junto con el pollo deshebrado, el arroz y la flor. En un platón acomode las guarniciones y deje que cada comensal se sirva a su gusto.

NOTAS:
- Lave el pollo, escúrralo y séquelo antes de utilizarlo en la receta.
- Lave las verduras y los chiles con un cepillo o una esponja, después desinfecte por 15 minutos. Escurra y deje orear antes de utilizarlos en la receta.
- A fuego directo con ayuda de unas pinzas ase el pollo para quemar los restos de pluma, lávelo, escúrralo y séquelo antes de usarlo en la receta.

CHILEATOLE
EN VERDE

PARA EL CHILEATOLE:

20	tazas de agua
¾-1	cucharada de sal de grano o al gusto
6	ramitas de epazote medianas
10	chiles serranos grandes sin rabito, molidos
8	hojas de espinaca o quintonil tiernas, molidas
12	elotes tiernos con olotes desgranados, molidos

PARA LA GUARNICIÓN:

4	chiles serranos sin rabito, molidos
½	taza de epazote molido
	Chile piquín molido al gusto
40	hojitas de epazote
8	limones partidos
½	cucharadita de sal o al gusto

PARA PREPARAR EL CHILEATOLE:

En una olla panzona de barro o para atole, ponga a hervir el agua con la sal y el epazote. Muela en el metate o en la licuadora el chile y las hojas de espinaca o quintonil tiernas, con un poco de agua hervida hasta hacer una pasta. Mientras, triture o muela los granos de elote con otro poco de agua hasta dejarlos con una consistencia parecida a la leche, pase los granos de elote molidos a la olla del agua hirviendo; déjelo caer poco a poco para que no se formen grumos y mueva constantemente en círculo hasta incorporar todo. Vuelva a sazonar. Separe la mitad del chileatole en blanco. Reserve. A la otra mitad incorpore la pasta de chile.

PARA PREPARAR LA GUARNICIÓN:

En una licuadora muela los chiles serranos y el epazote junto con la sal. Aparte.

PRESENTACIÓN:

Vacíe el chileatole blanco y el verde en tazas. Sírvalos al parejo en tazones, de un costado haga una línea con el chile y el epazote molidos, salpique al centro con el chile piquín molido. Sirva con los limones o pase el chileatole en una olla y métala en un tenate para que resguarde el calor.

VARIACIONES:

- En otra cacerola con poca agua y sal cocine 3 elotes cortados en trozos y 3 elotes tiernos desgranados, durante 15 minutos; cuando se sientan suaves agréguelos al chileatole y continúe la cocción a fuego lento por 20 minutos. En caso de que quede espeso vierta otro poco de agua.
- Gotee la salsa de chile verde, sazone con un poco de sal. Sirva en blanco, gotee la salsa de espinaca, epazote y chile.
- Si desea agregue al último momento el chile molido para presentar el chileatole en blanco, con goteo de salsa o deje la mitad en blanco y a la otra mitad incorpore el chile.
- Se podrá elaborar con caldo de pollo, pollo deshebrado y chile poblano.
- Puede utilizar en lugar de espinacas, las guías de las calabacitas o de los chayotes.
- Cocine los elotes desgranados con 6 cebollas de rabo, retírelas antes de incorporar al chileatole molido.
- Sustituya los chiles serranos por 8 chiles guajillo limpios, desvenados, asados y molidos con 3 dientes de ajo.
- Al servir, añada la pasta del chile serrano molido con el epazote y la sal. Sirva bien caliente en platos hondos y acompañe con el chile piquín, las hojitas de epazote y los limones.

NOTA:

- Lave las verduras y los chiles con un cepillo o una esponja, después desinfecte por 15 minutos. Escurra y deje orear antes de utilizarlos en la receta.

SOPA DE INFUSIÓN DE RAGOÛT
CON VERDURA EN JULIANA

PARA 8 PERSONAS

PARA EL CALDO:

20   tazas de agua
1.800   kg [4 lb]de chambarete con hueso en trozos
4   piernas de pollo con muslo sin piel
4   zanahorias sin piel, cortadas
½   poro cortado
6   dientes de ajo sin piel
1½   cebollas grandes cortadas en cuarterones
4   ramas de apio cortadas
¾   cucharadita de pimienta negra o pimienta gorda entera
2   hojas de laurel frescas
2½-3   cucharadas de consomé de pollo o res en polvo o al gusto

PARA LA SOPA:

40   g de mantequilla a temperatura ambiente
¼   taza de aceite de oliva
½   cebolla mediana, rallada
½   taza de poro cortado en juliana o rallado
1½   tazas de zanahoria cortada en juliana o rallada
1½   tazas de calabacita cortada en juliana o rallada
1½-2   cucharaditas de consomé de pollo en polvo o sal al gusto

PARA LAS BOLITAS DE CARNE:

125   g [4 oz] de pechuga de pollo molida
200   g [7 oz] de bola de ternera molida
1   huevo batido
2   dientes de ajo sin piel, molidos
1   rebanada de pan integral
4   cucharadas de leche
½   cucharadita de pimienta recién molida
1   cucharadita de sal o al gusto

PARA LA GUARNICIÓN:

1½   zanahorias sin piel, cortadas en tiritas, en mandolina o en juliana
1½   calabacitas crudas, cortadas en tiritas en mandolina o en juliana
½   taza de perejil finamente picado

PARA PREPARAR EL CALDO:

En una cacerola ponga a hervir el agua; agregue la carne de res, la de pollo y un poco de sal. Cocine durante 20 minutos. Espúmelo. Añada las zanahorias, el poro, los dientes de ajo, la cebolla, las ramas de apio, las pimientas, el laurel y el consomé. Continúe su cocción durante 1½ horas o hasta que la carne suavice. Retire el caldo del fuego, cuélelo y apártelo. Rectifique la sazón.

PARA PREPARAR LA SOPA:

Precaliente una cacerola grande, añada la mantequilla y el aceite; acitrone la cebolla, el poro, las zanahorias y las calabacitas. Agregue el caldo caliente y el consomé en polvo o sal. Cocine durante 5 minutos e incorpore las bolitas de carne y continúe su cocción durante 15 minutos más. Rectifique la sazón.

PARA PREPARAR LAS BOLITAS DE CARNE:

En un recipiente ponga el pan a remojar con la leche; agregue las carnes, el huevo batido, el ajo y la cebolla. Sazone con la sal y la pimienta. Mezcle todo hasta dejarlo bien incorporado. Forme bolitas de carne del tamaño de una canica. Apártelas.

PRESENTACIÓN:

Vierta la sopa hirviendo en platos hondos individuales. Adorne con las verduras crudas y en el último momento agregue el perejil finamente picado.

VARIACIONES:

- Agregue a la sopa dos jitomates medianos, molidos con un diente de ajo y ¼ de cebolla.
- Incorpore nopales cocidos, cortados en tiritas, quintoniles o verdolagas.
- Agregue chiles de árbol fritos al gusto, o aceite de chile de árbol con pepitas de calabaza y ajo molidos.

NOTAS:

- Lave la carne y el pollo, escúrralos, séquelos y muélalos antes de utilizarlos en la receta.
- Solamente se deberá lavar la carne en trozo, nunca la molida.
- Lave las verduras con un cepillo o una esponja, después desinfecte por 15 minutos. Escurra y deje orear antes de utilizarlas en la receta.

SOPA
DE CALABACITA

PARA LA SOPA:

2	tazas de agua
½	poro cortado
1	diente de ajo grande sin piel
750	g [26 oz]de calabacita cortada
2½	tazas de crema ligera para batir
5	tazas de caldo de pollo desgrasado, caliente (ver pág. 8 ó 16)
1	cucharadita de azúcar
¾	cucharada de sal o al gusto

PARA LA GUARNICIÓN:

8	ramitas de perejil con tallo

PARA PREPARAR LA SOPA:

En una cacerola hierva el agua; añada el poro, el ajo y las calabacitas. Sazone con un poco de sal y azúcar. Tape la cacerola y cueza las verduras durante 20 minutos. Enfríelas y muélalas junto con la crema y el caldo de pollo. Caliente otra cacerola, vierta las verduras molidas, cocínelas durante 20 minutos más. Rectifique la sazón. La sopa deberá quedar con una consistencia semiespesa.

PRESENTACIÓN:

Sirva la sopa de calabacitas caliente en tazones o en una sopera, o bien en platos hondos. Adorne con las ramitas de perejil.

VARIACIONES:
- Podrá hacer la sopa de calabacita con leche y crema.
- Añada al servir pequeños trocitos de pan integral frito.
- Agregue un poco de esquites como guarnición al servir la sopa.
- Incorpore ½ cucharadita de cebollín, finamente rebanado por cada persona.

NOTA:
- Lave las verduras con un cepillo o una esponja, después desinfecte por 15 minutos. Escurra y deje orear antes de utilizarlas en la receta.

SOPA
DE ZANAHORIA

PARA LA SOPA:

2	tazas de agua
½	poro cortado
1	diente de ajo grande sin piel
750	g [26 oz] de zanahoria cortada
2½	tazas de crema ligera para batir
5	tazas de caldo de pollo desgrasado, caliente (ver pág. 8 ó 16)
1	cucharadita de azúcar
¾	cucharada de sal o al gusto

PARA PREPARAR LA SOPA:

En una cacerola hierva el agua; añada el poro, el diente de ajo y las zanahorias. Sazone con un poco de sal y azúcar. Tape la cacerola y cueza las verduras durante 20 minutos. Enfríelas y muélalas junto con la crema y el caldo de pollo. Caliente otra cacerola, vierta las verduras molidas. Cocine durante 20 minutos más. Rectifique la sazón. La sopa deberá quedar con una consistencia semiespesa.

PRESENTACIÓN:

Sirva la sopa de zanahoria caliente en platos hondos y gotee con aceite de oliva.

VARIACIONES:

- Sirva la sopa de zanahoria caliente, muélala por tantos y sírvala en tazones.
- Podrá hacer la sopa de zanahoria con leche y crema.
- Sírvala con trocitos de mantequilla para que le de un sabor diferente.
- Añada al servir perejil, cebollín o chile chipotle, ligeramente frito y molido.
- Sirva la sopa recién molida para que espume.
- Sirva la sopa fría.

NOTA:

- Lave las verduras con un cepillo o una esponja, después desinfecte por 15 minutos. Escurra y deje orear antes de utilizarlas en la receta.

CALDO DE HONGOS
DE CUAJIMALPA

PARA EL CALDO DE POLLO:

20	tazas de agua
6	alones de pollo enteros
4	piernas de pollo con muslo
10	patitas de pollo
1½	cebollas blancas medianas
1½	cabezas de ajo cortadas
4	zanahorias sin piel, cortadas
1	poro cortado
2	nabos medianos, cortados
8	pimientas negras enteras
¾	cucharada de sal o al gusto

PARA LA SOPA:

⅓	taza de aceite de oliva
½	taza de mantequilla
4	cebollas medianas, rebanadas en sesgo
3-5	dientes de ajo sin piel, finamente picados
1½	kg [3 lb] de champiñón o seta, rebanado muy delgado (en temporada: clavito, enchilado, yema o pata de pájaro)
6	chiles de árbol limpios, fritos
4	ramitas de epazote o cilantro medianas
¾	cucharada de sal o al gusto

PARA PREPARAR EL CALDO:

Ase, limpie y lave las piezas de pollo. En una cacerola ponga a calentar el agua; añada los alones, las piernas con muslo, las patitas de pollo, la cebolla, el ajo, las zanahorias, el poro, los nabos, las pimientas y la sal. Cocine a fuego lento. Espúmelo. Continúe su cocción durante 1½ horas. Retírelo y déjelo enfriar. Desgráselo y cuélelo.

PARA PREPARAR LA SOPA:

Precaliente una cacerola mediana, agregue el aceite y la mantequilla; acitrone las cebollas y el ajo. Sazone con un poco de sal. Incorpore los champiñones, los chiles de árbol, las ramas de epazote o cilantro y la sal. Cocine a fuego lento hasta que empiece a consumir el jugo de los hongos. Aparte 2 tazas y muélalos. Poco a poco, incorpore el caldo de pollo colado e hirviendo y los hongos molidos. Continúe su cocción a fuego bajo durante 25 minutos. Rectifique la sazón.

PRESENTACIÓN:

Sirva la sopa caliente en platos hondos, acompáñela con chiles de árbol fritos, agregue epazote o cilantro picado.

VARIACIÓN:

- En temporada utilice morillas.

NOTAS:

- Lave el pollo, escúrralo y séquelo antes de utilizarlo en la receta.
- Lave las verduras y los chiles con un cepillo o una esponja, después desinfecte por 15 minutos. Escurra y deje orear antes de utilizarlos en la receta.
- Pase los hongos en un poco de harina disuelta en agua, esto hace que se les retire la tierra.
- Deberá lavar los hongos rápidamente ya que absorben mucho líquido.

SOPA
DE FIDEO

PARA EL CALDO:

18	tazas de agua
6	ramas de apio cortadas
2	cebollas medianas, cortadas en cuarterones
3	nabos chicos sin piel, cortados
4	zanahorias sin piel, cortadas
1	cabeza de ajo cortada por la mitad
4	ramitas de tomillo frescas
4	hojas de laurel frescas
4	ramitas de mejorana frescas
2	piernas de pollo con muslo
6	alones de pollo enteros
8	patitas de pollo, sin piel
2½	cucharadas de sal o consomé de pollo en polvo o al gusto
1	cucharada de sal o al gusto

PARA LA PASTA:

½	taza de aceite de maíz, girasol o canola
3	paquetes de fideo delgado de 180 g [6 oz] c/u, en nido o en trocitos

PARA EL CALDILLO:

5	jitomates bola medianos, maduros, cortados en cuarterones
1	cebolla mediana, cortada en cuarterones
4	dientes de ajo medianos, sin piel
½	taza de agua
2	cucharaditas de sal o al gusto

PARA LA GUARNICIÓN:

250	g [9 oz] de queso fresco cortado en cuadritos
½	taza de perejil finamente rebanado

PARA PREPARAR EL CALDO:

En una olla grande, ponga a hervir el agua; agregue la mitad de la sal; incorpore las verduras junto con la muñequita de hierbas de olor. Cocine el caldo durante ½ hora. Añada las piezas de pollo. Rectifique la sazón. Continúe su cocción durante 2 horas. Espume el caldo. Vuelva a sazonar. Retírelo del fuego. Déjelo enfriar un poco. Desgráselo y cuélelo. Recaliéntelo a la hora de agregar al caldillo de jitomate.

PARA PREPARAR LA PASTA:

Precaliente una cacerola profunda, incorpore el aceite, dore ligeramente el fideo de un lado y otro. Retírelo y páselo encima del papel absorbente, escurra y regréselo a la cacerola.

PARA PREPARAR EL CALDILLO:

En una licuadora muela el jitomate junto con la cebolla, los ajos y un poco de agua. Remuela hasta dejar un puré. Cuélelo. Agréguelo a la pasta y deje que se cocine. Sazone hasta que se absorba e incorpore el caldo hirviendo. Aparte un poco para la presentación. Continúe su cocción durante 20 minutos más. Rectifique la sazón.

PRESENTACIÓN:

Coloque los fideos en moldes de gelatina y desmóldelos al centro de los platos hondos. Sirva el resto de la sopa caliente o cuele la sopa y vierta solamente el caldo. Adorne con el queso fresco cortado en cuadritos y salpique con el perejil finamente rebanado.

VARIACIONES:

- Haga la sopa con diferentes tipos de pasta, como munición, de letras, de plumas o cualquier otra figura.
- Sirva en platos hondos el fideo entero y encima vierta el caldo y adorne con el queso fresco y el perejil.
- En una sopera sirva caliente la sopa. Sirva aparte en cazuelitas el queso fresco y el perejil picado.
- Sirva con cilantro picado, chiles fritos o con rajitas de chipotle.
- Prepare el caldillo más ligero con 3 jitomates y las mitades de cebolla y ajo.
- Sirva con hojitas de perejil.

NOTAS:

- Lave las verduras con un cepillo o una esponja, después desinfecte por 15 minutos. Escurra y deje orear antes de utilizarlas en la receta.
- Lave el pollo, escúrralo y séquelo antes de utilizarlo en la receta.
- Tenga cuidado de no quemar la pasta cuando la fría.

SOPA
DE ESPINACA

PARA LA SOPA:

1	cebolla mediana, rebanada
600	g [21 oz] de espinaca picada, sudada con poca agua, molida
600	g [21 oz] de acelga picada, sudada con poca agua, molida
12	tazas de leche hervida, caliente
2	cucharadas de mantequilla
¼	taza de aceite de oliva
6	echalotes sin piel, finamente picadas
1	cucharada de harina o 2 cucharadas de amaranto molido
½	cucharadita de pimienta blanca molida
1½	cucharadas de sal o al gusto

PARA PREPARAR LA SOPA:

Precaliente una cacerola, ase la cebolla e incorpore las espinacas y las acelgas cortadas, tape la cacerola, súdelas. Cocínelas hasta que estén suaves y muélalas. En otra cacerola caliente incorpore la mantequilla con el aceite de oliva; acitrone las echalotes. Sazone con un poco de sal. Agregue la harina poco a poco, dórela ligeramente sin dejar de mover; incorpore un poco de leche, añada las espinacas y las acelgas molidas con la cebolla; vierta el resto de la leche. Sazone con la pimienta blanca y el resto de la sal. Cocine a fuego lento hasta que quede semiespeso. Rectifique la sazón. Antes de servir licue la sopa caliente en pequeñas porciones hasta que espume.

PRESENTACIÓN:

Sirva la sopa de espinaca caliente con espuma en platos soperos o en tazones.

VARIACIONES:

- Haga la sopa de la misma manera con calabacitas, zanahorias y elote.
- Sazone la sopa con nuez moscada.
- Sirva como guarnición espinaca picada, salteada con mantequilla.
- Sirva la sopa con trocitos de pan integral frito o con tortillas tostadas.
- Sirva la sopa con cucharadas de jocoque seco y cebollín.

NOTAS:

- Lave las verduras con un cepillo o una esponja, después desinfecte por 15 minutos. Escurra y deje orear antes de utilizarlas en la receta.
- Para espumar la sopa, licúela o bátala con un batidor de globo.

CONSOMÉ LIGERO
DE POLLO

PARA EL CONSOMÉ:

20	tazas de agua
800	g [28 oz] de ternera
12	patitas de pollo, sin piel
4	cuadriles con piernas de pollo
6	alones de pollo enteros
1	pechuga con hueso
1	cabeza de ajo partida por la mitad
1	cebolla grande claveteada con 5 clavos de olor
½	poro cortado
½	apio cortado por mitad
3	nabos sin piel, cortados
4	zanahorias sin piel, cortadas
10	ramas grandes de perejil
20	pimientas gordas enteras
2½	cucharadas de sal o consomé de pollo en polvo o al gusto

PARA LA GUARNICIÓN:

8	limones partidos por las puntas
1	cebolla mediana finamente picada
1	manojito mediano de cilantro picado en tiritas
4	chiles serranos pequeños, sin rabito, cortados en rodajas delgaditas

PARA PREPARAR EL CONSOMÉ:

En una olla grande caliente el agua, agregue la mitad de la sal, la ternera, el pollo y deje que hierva. Espúmelo. Añada las verduras. Sazone con un poco de sal y el consomé de pollo en polvo. Continúe su cocción hasta que las piezas de pollo y las verduras se suavicen. Retire el caldo. Déjelo enfriar, desgráselo y cuélelo.

PRESENTACIÓN:

Sirva el consomé bien caliente en tazones o cazuelitas de barro; acompáñelo con las guarniciones y el limón a un lado.

VARIACIONES:
- Puede servir el consomé en una sopera de barro y complementar con la guarnición en los tazones de barro.
- Sirva el caldo con hojitas de hierbabuena.

NOTAS:
- Lave la carne y el pollo, escúrralos y séquelos antes de utilizarlos en la receta.
- Lave las verduras y los chiles con un cepillo o una esponja, después desinfecte por 15 minutos. Escurra y deje orear antes de utilizarlos en la receta.
- Deje enfriar el pollo dentro del caldo para que se hidrate y pueda ser utilizado en otros guisos.
- El consomé lo puede congelar en cubitos para que lo emplee cuando se requiera. Vuélvalo a sazonar.
- Hierva el consomé de pollo y redúzcalo a la mitad para tener un caldo con más consistencia.

CALDO
TLALPEÑO

PARA 8 PERSONAS

PARA EL CALDO:

18	tazas de agua
½	kg [18 oz] de pulpa de ternera
4	alones de pollo enteros
8	patitas de pollo asadas sin piel
4	piernas de pollo con muslo, deshebradas
4	zanahorias sin piel, cortadas
½	poro cortado
¼	apio mediano con hojas, limpio
1½	cebollas medianas, cortadas
6	dientes de ajo sin piel
2	hojas de laurel frescas
16	pimientas negras o pimientas gordas enteras
2-3	cucharadas de sal o consomé de pollo en polvo, al gusto o combinadas

PARA LA GUARNICIÓN 1:

6	tazas de agua
200	g [7 oz] de garbanzo cocido
1	cebolla mediana, cortada
1½	cucharaditas de sal o al gusto

PARA LA GUARNICIÓN 2:

1¼	tazas de agua
1	taza de arroz
½	cucharadita de sal o al gusto

PARA LA GUARNICIÓN 3:

4-6	tazas de agua
1½	cucharaditas de sal
3	zanahorias chicas sin piel, cortadas
1	taza de ejote sin hebra, en rebanaditas delgadas
2	chayotes sin piel, cortados en cuadritos
4	calabacitas cortadas en cuadritos
8	chiles chipotles secos o de lata
½	taza de cilantro, finamente picado
1	cebolla chica, cortada en cuarterones
250	g [9 oz] de queso fresco, ranchero, panela o asadero, cortado en cuadritos
1	aguacate cortado en rebanadas o en cuadritos
16	tortillas recién hechas

– 22 –

PARA PREPARAR EL CALDO:

En una cacerola grande ponga a hervir el agua con la mitad de la sal; incorpore la ternera y las piezas de pollo. Cocine a fuego mediano. Sazone. Espume el caldo. Añada las verduras, el laurel y las pimientas; agregue el chipotle meco, el jitomate y otro poco de consomé en polvo o sal. Continúe su cocción a fuego lento durante 2 horas más. Retire. Deje enfriar el caldo, desgráselo, cuélelo y recaliéntelo antes de servir.

PARA PREPARAR LA GUARNICIÓN 1:

Cubra los garbanzos con agua y déjelos remojar durante toda la noche. Escúrralos. En una olla express ponga el agua, añada los garbanzos y la cebolla, sazone con sal. Cocine a fuego mediano. Cuando empiece a silbar baje el fuego y continúe su cocción durante 45 minutos. Deje enfriar la olla para poder abrirla. Cuele los garbanzos e incorpórelos al caldo junto con el pollo deshebrado.

PARA PREPARAR LA GUARNICIÓN 2:

En una cacerola ponga a hervir el agua. Coloque el arroz en una coladera y enjuáguelo. Páselo a la cacerola; agregue el agua. Sazone con un poco de sal. Tape la cacerola y cocine a fuego mediano hasta que se esponje. Si fuera necesario, añada otro poco de agua, los granos de arroz deberán estar enteros. (En caso de que tuviera arroz del día anterior, se puede utilizar).

PARA PREPARAR LA GUARNICIÓN 3:

En una cacerola chica caliente el agua e incorpore la sal, deje que suelte el hervor. Cocine por separado las verduras. Agregue las zanahorias, cocínelas durante 5 minutos, retírelas; añada los ejotes hasta que estén suaves, después los chayotes; continúe su cocción durante 5 minutos, retírelos; agregue las calabacitas, continúe su cocción por 5 minutos más. Apártelos.

PRESENTACION:

Precaliente 8 platos hondos, ponga una base de arroz, encima coloque las verduras, el chile chipotle, el pollo deshebrado, los garbanzos, el cilantro, la cebolla, el queso y el aguacate. Sirva aparte el caldo hirviendo.

VARIACIONES:
- Agregue al caldo epazote en lugar de cilantro como guarnición o en su cocimiento, combinando 2 ramas de epazote con un manojo de cilantro.
- Ponga en tazones el caldo hirviendo con el pollo, los garbanzos, el arroz y las verduras. Aparte. Sirva en platitos individuales o cazuelitas el queso, el cilantro, la cebolla, el chipotle, el aguacate, los limones y en un tenate las tortillas; coloque toda esta guarnición en la mesa para que cada persona lo prepare a su gusto.

NOTAS:
- Lave la carne y el pollo, escúrralos y séquelos antes de utilizarlos en la receta.
- Lave las verduras y los chiles con un cepillo o una esponja, después desinfecte por 15 minutos. Escurra y deje orear antes de utilizarlos en la receta.
- Deje enfriar la carne y el pollo dentro del caldo para que queden jugosos.

CONSOMÉ DE POLLO
CON SALSA MEXICANA

PARA EL CONSOMÉ:

20	tazas de agua
½	kg [18 oz] de pulpa de ternera
6	alones de pollo enteros
8	patitas de pollo, sin piel
4	piernas de pollo con muslo
4	zanahorias sin piel, cortadas
1	poro cortado
6	dientes de ajo sin piel
2	cebollas medianas, cortadas en cuarterones
½	apio mediano con hojas
2	hojas de laurel frescas
16	pimientas negras, enteras
1½	cucharadas de consomé de pollo en polvo
2½	cucharadas de sal o al gusto

PARA LA GUARNICIÓN:

3	jitomates medianos, sin semillas, picados
2-4	chiles serranos sin rabito o chipotles adobados, finamente picados
8	ramitas de cilantro finamente picadas
1	aguacate finamente picado
8	rabos de cebollitas de Cambray finamente rebanados
	Pollo deshebrado (piernas con muslo)

PARA PREPARAR EL CONSOMÉ:

En una cacerola grande ponga a hervir el agua con la mitad del consomé y la sal. Incorpore la ternera y las piezas de pollo. Cocine a fuego mediano. Sazone con un poco de sal. Espume el caldo. Añada las verduras, los condimentos y otro poco de consomé de pollo en polvo o sal. Continúe su cocción a fuego lento durante 2½ horas más. Retire, deje enfriar el caldo, cuélelo y desgráselo. Caliéntelo antes de servirlo.

PRESENTACIÓN:

Sirva el consomé en dos tiempos. En platos hondos calientes coloque un poco de cada guarnición y el consomé hirviendo en jarritos de barro. Vierta en el plato el consomé muy caliente.

VARIACIÓN:
- Utilice un poco de queso manchego en trocitos para aumentar la guarnición.

NOTAS:
- Lave la carne y el pollo, escúrralos y séquelos antes de utilizarlos en la receta.
- Lave las verduras y los chiles con un cepillo o una esponja, después desinfecte por 15 minutos. Escurra y deje orear antes de utilizarlos en la receta.
- Este consomé sirve como base para cualquier sopa.
- Si prepara más cantidad, enfríelo sobre hielo, refrigérelo o congélelo.
- El consomé se puede congelar. Una vez descongelado, incorpore un poco de las verduras que lleva la preparación, cocínelas junto con el consomé para darle un mejor sabor.
- El cilantro cortelo en tiritas delgadas.

SOPA DE BOLITAS DE MASA
EN CALDILLO DE JITOMATE

PARA EL CONSOMÉ DE POLLO:

20	tazas de agua
½	kg [18 oz] de pulpa de ternera
4	piernas de pollo con muslo
6	alones de pollo enteros
6	patitas de pollo, sin piel
4	zanahorias sin piel, cortadas
1	poro cortado
6	dientes de ajo medianos, sin piel
2	cebollas grandes, cortadas en cuarterones
¼	apio cortado
1	cucharada de pimienta gorda, entera
6	ramas de perejil atadas
1½	cucharadas de consomé de pollo en polvo o al gusto
1½	cucharada de sal o al gusto

PARA LA BASE DE JITOMATE:

¾	kg [26 oz] de jitomate guaje maduro, asado, cortado
½	cebolla mediana, cortada
3	dientes de ajo medianos, sin piel
2	chiles serranos sin rabitos
1½	tazas de agua
¼	taza de aceite de oliva extra virgen
2	rebanadas de cebolla
6	ramas de apio atadas
1	manojo de perejil atado
12-14	tazas de caldo
2	cucharaditas de sal o al gusto

PARA EL ARROZ:

¼	taza de arroz lavado
1	taza de agua para remojar
¾	taza de agua para cocinar
⅛	cucharadita de sal o al gusto

PARA LAS BOLITAS DE MASA:

1½	tazas de masa de maíz
3	cucharadas de agua
1	pizca de bicarbonato
1¼	tazas de queso Chihuahua con costra o combinado con añejo y Cotija, rallado
3	huevos pequeños batidos
½	taza de arroz cocido
2½	tazas de aceite de maíz
1	pizca de sal

PARA LA GUARNICION:

½	taza de cilantro rebanado en tiritas

PARA PREPARAR EL CALDO:

En una cacerola ponga a hervir el agua con una poca de sal y el consomé de pollo en polvo. Añada la ternera y las piezas de pollo. Espume el caldo; agregue las verduras y condimentos. Sazone con otro poco de consomé de pollo en polvo o sal. Cocine a fuego lento durante 2 horas. Desgrase 12-14 tazas de caldo. Manténgalo hirviendo a fuego lento hasta el momento de verterlo a la base de jitomate. Vuelva a sazonar.

PARA PREPARAR LA BASE DE JITOMATE:

En la licuadora muela el jitomate, la cebolla, los dientes de ajo, los chiles serranos y el agua. En una cacerola caliente el aceite, dore las rebanadas de cebolla, retírelas. Sazone con un poco de sal. Incorpore la mezcla de jitomate, las ramas de apio y el perejil, cocínelo hasta que empiece a soltar su grasita. Vuelva a sazonar. Agregue el caldo caliente. Continúe su cocción a fuego mediano. Retíre y cuele, una vez cocida la base.

PARA PREPARAR EL ARROZ:

Lave el arroz, remójelo en 1 taza de agua durante 30 minutos; enjuáguelo. En una cacerola caliente ¾ de taza de agua e incorpore la sal, deje que suelte el hervor; agregue el arroz, tape la cacerola y cocine a fuego lento hasta que esponje. Retírelo y déjelo enfriar.

PARA PREPARAR LAS BOLITAS DE MASA:

En una superficie ponga la masa y trabájela con las 3 cucharadas de agua y una pizca de bicarbonato; incorpore el queso, los huevos y el arroz. Sazone. Déjela reposar media hora, en el refrigerador. En una cacerola profunda caliente el aceite; forme las bolitas utilizando la punta de una cuchara grande, moldee la masa con los dedos, deslícela al aceite caliente, fríalas, retírelas y escúrralas.

PRESENTACIÓN:

Ponga el caldo a calentar, al hervir páselo a una sopera. En platos hondos y calientes, sirva las bolitas hechas al momento y vierta inmediatamente el caldo hirviendo, salpique con el cilantro.

VARIACIÓN:
- Agregue una rama de epazote o perejil picado o rajitas de chile verde.

NOTAS:
- Lave la carne y el pollo, escúrralos y séquelos antes de utilizarlos en la receta.
- Lave las verduras y los chiles con un cepillo o una esponja, después desinfecte por 15 minutos. Escurra y deje orear antes de utilizarlos en la receta.
- Las bolitas de masa deben estar crujientes.

SOPA DE ELOTE
CON RAJAS

PARA EL CALDO:

20	tazas de agua
½	kg [18 oz] de pulpa de ternera
4	alones de pollo enteros
4	patitas de pollo, sin piel
3	piernas de pollo con muslo
4	zanahorias sin piel, cortadas
½	poro cortado
6	dientes de ajo sin piel
1½	cebollas medianas, cortadas
¼	apio mediano con hojas
2	hojas de laurel frescas
½	cucharada de pimienta negra o pimienta gorda entera
1½-2	cucharadas de consomé de pollo en polvo
1½	cucharadas de sal o al gusto

PARA LA SOPA:

40	g [1 oz] de mantequilla a temperatura ambiente
⅓	taza de aceite de oliva
5	cebollas medianas, rebanadas en sesgo
6	elotes grandes, tiernos, desgranados
8	chiles poblanos medianos, asados, sudados, desflemados, cortados en tiritas
5	jitomates medianos, molidos
4	dientes de ajo medianos, sin piel, molidos
50	ramitas de cilantro atadas
1-2	cucharaditas de sal o al gusto

PARA PREPARAR EL CALDO:

En una cacerola grande ponga a hervir el agua. Incorpore la ternera y las piezas de pollo, cocine a fuego mediano. Sazone con un poco de sal. Espume el caldo. Añada las verduras, las hojas de laurel, las pimientas y un poco de consomé de pollo en polvo o sal. Continúe su cocción a fuego lento durante 2 horas más. Retire, deje enfriar el caldo, cuélelo, desgráselo y recaliéntelo antes de agregarlo a la sopa. Rectifique la sazón.

PARA PREPARAR LA SOPA:

Precaliente una cacerola grande, agregue la mantequilla y el aceite; añada la cebolla cortada en sesgo, cocínela hasta que esté transparente y empiece a dorar ligeramente; agregue el elote y las rajas, saltéelas durante 20 minutos. Incorpore los jitomates molidos con los ajos. Sazone con sal y pimienta. Agregue el atado de cilantro. Caliente el caldo e incorpórelo poco a poco hasta que la sopa tenga una consistencia caldosa. Continúe su cocción durante 25 minutos a fuego lento. Rectifique la sazón. Retire el atado de cilantro.

PRESENTACIÓN:

Sirva la sopa de elote con rajas, caliente en tazones o en la sopera, salpique con cilantro picado.

VARIACIONES:

- Para preparar la sopa verde de poblano, muela un chile poblano grande en crudo o asado sin piel y un diente de ajo; cuélelo, vierta al último momento, deje que suelte un hervor y vuelva a sazonar.
- Para preparar la sopa de elotes con rajas con caldo transparente; saltee las cebollas, las rajas y los elotes como dice en *preparar la sopa*. Agregue el caldo caliente y sírvala hirviendo.
- Si no utiliza la carne o el pollo cocidos en la receta, ocúpelo para taquitos, tostadas u otros guisados, o bien congélelo y utilícelo para otra receta.

NOTAS:

- Lave la carne y el pollo, escúrralos y séquelos antes de utilizarlos en la receta.
- Lave las verduras y los chiles con un cepillo o una esponja, después desinfecte por 15 minutos. Escurra y deje orear antes de utilizarlos en la receta.
- Desfleme el chile para que le quite un poco lo picoso, póngalo en agua con sal y vinagre durante 15 minutos.
- Los chiles poblanos que tienen el rabito extendido son más picosos que los chiles que tienen el rabito enroscado.

SOPA DE PAPA
CON PORO

PARA LA SOPA:

1	cucharada de mantequilla
¼	taza de aceite
3	poros medianos, cortados en rebanadas delgadas
4	papas grandes, sin piel, cocidas
12	tazas de caldo de pollo desgrasado (ver pág. 8 ó 16)
1½	cucharadas de sal o consomé de pollo en polvo o al gusto

PARA LA GUARNICIÓN:

	Aceite de oliva
1	poro mediano, cortado por la mitad, rebanado muy delgado
	Sal al gusto

PARA PREPARAR LA SOPA:

Precaliente una cacerola, añada la mantequilla con el aceite; incorpore los poros rebanados y acitrónelos. Muela 3 papas cocidas con un poco del caldo para formar un puré; agréguelo al poro. Vierta el caldo y sazone al gusto. Corte la papa restante en cuadritos y agréguela antes de que suelte el hervor. Vuelva a sazonar. Continúe su cocción durante 20 minutos.

PARA PREPARAR LA GUARNICIÓN:

En una cacerola caliente, añada el aceite de oliva. Sazone con un poco de sal. Saltee el poro hasta que esté transparente. Sírvalo como guarnición.

PRESENTACIÓN:

En platos hondos calientes coloque al centro el poro salteado, con ayuda de una tetera vierta la sopa hirviendo, aderece con unas gotas de aceite de oliva.

VARIACIONES:

- Agregue a la sopa de papa con poro; chiles poblanos, asados y picados o cebollín, perejil, cilantro o chiles de árbol fritos.
- Incorpore a la sopa crema y *croûtones* de pan.
- Añada a la sopa otra papa para hacerla más espesa, rocíe un poco de aceite de oliva.
- Puede agregar a esta sopa el poro deshidratado, preparado de la siguiente manera: precaliente el horno a 250° F-125° C. Barnice ligeramente una charola con el aceite de oliva, salpique con sal. Ponga la capa del poro rebanado y con una brocha mojada con aceite de oliva barnícelo; vuelva a salpicar ligeramente con sal. Hornee a fuego muy suave hasta que estén ligeramente dorados y crujientes.
- Sirva la sopa hirviendo en una jarra o tetera.

NOTAS:

- Lave las verduras con un cepillo o una esponja, después desinfecte por 15 minutos. Escurra y deje orear antes de utilizarlas en la receta.
- Cocine las papas con piel en agua hirviendo con sal; una vez cocidas, sáquelas, déjelas enfriar y retíreles la piel.

SOPA
DE LIMA

PARA EL CALDO DE POLLO:

20	tazas de agua
6	alones de pollo enteros
½	pechuga de pollo con hueso
½	pollo entero partido en piezas
15	dientes de ajo medianos, sin piel
2	cebollas medianas, asadas
4	jitomates guaje asados
1	cabeza de ajo asada
1	cucharada de hojas de orégano yucateco
1	bolsita de hierbas de olor (tomillo, mejorana y laurel)
2	limas grandes o limones dulces, cortados en forma de cruz por la parte de abajo
1½	cucharada de consomé de pollo en polvo
1¾	cucharadas de sal o al gusto

PARA LA BASE DE LA SOPA:

4	cucharadas de aceite de maíz
1½	tazas de cebollita de Cambray finamente picada
4	dientes de ajo medianos, sin piel, asados, molidos
6	jitomates medianos, maduros, asados, molidos y colados
1	lima cortada en cruz
1	cucharadita de orégano verde o yucateco, molido o al gusto
	Pimienta negra recién molida o al gusto
1½-2	cucharadita de sal o al gusto

PARA LA GUARNICIÓN:

1	taza de aceite vegetal o de maíz
20	tortillas delgaditas cortadas en tiritas, fritas
1½	tazas de cebolla finamente picada
4	chiles habaneros o serranos sin rabito, crudos o asados, partidos por la mitad
8	hojas de orégano de hoja grande frescas
2	limas cortadas en rodajas muy delgadas
1	lima o naranja agria, su jugo

PARA PREPARAR EL CALDO:

En una cacerola honda ponga a calentar el agua con la mitad de la sal; añada el pollo partido en piezas, los alones, los dientes de ajo, las cebollas, los jitomates, la cabeza de ajo, el orégano y la bolsita de hierbas de olor. Sazone ligeramente y cocine hasta que hierva, aproximadamente 1½ horas. Antes del término de cocción, aproximadamente ½ hora, agregue la pechuga de pollo. Espume el caldo y añada las limas, cocínelas durante 35 minutos y retírelas. Rectifique la sazón. Aparte y desmenuce la mitad del pollo. Cuele el caldo.

PARA PREPARAR LA BASE PARA LA SOPA:

Precaliente una sartén, incorpore el aceite; agregue la cebollita, los dientes de ajo y cocine hasta que estén transparentes; añada los jitomates molidos. Sazone; agregue una cucharadita de orégano. Cueza hasta que espese y empiece a soltar su grasita. Vierta el caldo de pollo colado (aproximadamente 16 tazas), añada una lima cortada en cruz; cocine hasta que de un hervor fuerte y retírela para que no amargue. Rectifique la sazón e incorpore pimienta al gusto, agregue el pollo desmenuzado. Vuelva a sazonar, antes de servir la sopa añádale unas gotitas de lima o naranja agria.

PRESENTACIÓN:

En una sartén precaliente el aceite y fría las tortillas en tiritas hasta dorarlas, retírelas y escúrralas sobre papel. Colóquelas en un recipiente junto con el resto de la guarnición. En los platos calientes ponga de un lado el pollo deshebrado, enfrente las dos rebanadas de lima y las tortillas de un costado, el chile habanero asado y partido por la mitad, la cucharada de jugo de lima. Vierta la sopa hirviendo en una sopera y sirva de inmediato.

VARIACIONES:

- Sirva la sopa con salsa xnipeck, con chile habanero asado, cebolla morada, naranja agria, orégano y sal.
- Vierta la sopa de lima en una sopera. Sirva la sopa bien caliente.
- Incorpore rábanos picados.
- Agregue a la sopa mollejas e higaditos de pollo cocidos y picados.

NOTAS:

- Lave el pollo, escúrralo y séquelo antes de utilizarlo en la receta.
- Lave las verduras y los chiles con un cepillo o una esponja, después desinfecte por 15 minutos. Escurra y deje orear antes de utilizarlos en la receta.

CALDO INFUSIONADO A LA ZANAHORIA Y CHILE CASCABEL

PARA EL CALDO:

18	tazas de agua
2	cebollas cortadas en cuarterones
1	cabeza de ajo partida por mitad
1	apio partido por la mitad
6	nabos sin piel, partidos por la mitad
3	kg [7 lb] de zanahoria sin piel, partida por la mitad
1	pollo entero
1	cucharadita de pimienta negra entera
1½	cucharadas de consomé de pollo en polvo o al gusto
1½	cucharadas de sal o al gusto

PARA LA INFUSIÓN DE CHILE CASCABEL:

16	tazas del caldo de pollo desgrasado
30	chiles cascabel desvenados, limpios, asados
40	ramitas de cilantro atadas
8	dientes de ajo medianos, sin piel

PARA LA GUARNICIÓN:

¼	taza de aceite de oliva
⅓	taza de mantequilla
1	cebolla mediana rallada
4	zanahorias medianas, sin piel, ralladas
6	elotes tiernos o maíz *cacahuatzintli* desgranados, cocidos
3	chiles chilpotle meco fritos ligeramente, enteros o finamente picados
1½-2	cucharaditas de sal o al gusto

PARA PREPARAR EL CALDO:

En una olla ponga a hervir el agua. Agregue la mitad del consomé de pollo en polvo o sal, las cebollas y la cabeza de ajo, incorpore el pollo. Espúmelo, agregue las verduras y los condimentos. Cocínelo a fuego lento durante 1½ horas. Deje que se enfríe, desgráselo y cuélelo. Rectifique la sazón.

PARA LA INFUSIÓN DE CHILE CASCABEL:

En una cacerola ponga el caldo. Añada los chiles cascabel, las ramitas de cilantro y los dientes de ajo. Cocine para que se reduzca durante ½ hora, cuele la infusión.

PARA PREPARAR LA GUARNICIÓN:

Precaliente una cacerola, incorpore la mantequilla y el aceite de oliva; agregue la cebolla. Sazone. Añada las zanahorias. Cocine a fuego mediano hasta que empiecen a soltar su jugo, añada los granos de elote y los chiles chipotles; sazone nuevamente. Vierta la infusión y deje hervir durante 10 minutos.

PRESENTACIÓN:

En platos hondos calientes, ponga en forma de pirámide la guarnición de las zanahorias y los granos de elote. En una jarra vierta el caldo infusionado hirviendo y sírvalo en cada plato.

VARIACIONES:

- Mezcle el caldo colado con la infusión de chile y la guarnición. Cocine hasta que hierva durante 15 minutos; desgrase el caldo y sirva en platos soperos. Sirva inmediatamente.
- Sirva el chile chipotle meco frito y desmoronado.

NOTAS:

- Lave el pollo, escúrralo y séquelo antes de utilizarlo en la receta.
- Lave las verduras y los chiles con un cepillo o una esponja, después desinfecte por 15 minutos. Escurra y deje orear antes de utilizarlos en la receta.
- El maíz *cacahuatzintli* es el que se utiliza para los pozoles.

PUCHERO DE RES
EN TRES TIEMPOS

❧ PARA 8 PERSONAS

PARA EL PUCHERO:

20	tazas de agua
8	huesos de tuétano cortados en trozos gruesos
1½	kg [3 lb] de maciza de res sin grasa
1	kg [2 lb] de chambarete de res
½	kg [18 oz] de costillita de res
½	kg [18 oz] de huesos de res para caldo
1	pollo entero
1	cabeza de ajo entera
2	cebollas cortadas en trozos o por la mitad
4	elotes cortados por la mitad
½	kg [18 oz] de zanahorias sin piel
½	kg [18 oz] de nabo sin piel
½	apio cortado
2	poros cortados
2	plátanos macho con piel
2	manojos grandes de cilantro amarrados
1	cucharada de pimienta negra recién molida o entera
1½	cucharadas de consomé en polvo o al gusto
1¾	cucharadas de sal o al gusto

PARA LAS SALSA VERDE:

18	tomates verdes medianos, sin cáscara
15	chiles serranos sin rabito, picados
20	ramitas de cilantro picadas
1	cebolla de rabo grande picada
2	dientes de ajo medianos, sin piel
2	limones, su jugo
1	taza de agua
1½	cucharadita de sal o al gusto

PARA LAS SALSA ROJA:

8	chiles jalapeños rojos o verdes, asados
5	jitomates medianos, asados
½	cebolla mediana, asada
2	dientes de ajo sin piel, asados
4	limones, su jugo

1	taza de agua
1½	cucharaditas de sal

PARA LA GUARNICIÓN:

6	cucharadas de cebolla blanca finamente picada
8	cucharadas de cilantro finamente picado
4	cucharadas de chile verde serrano finamente picado o al gusto

PARA LAS VERDURAS:

6	tazas de caldo desgrasado
16	calabacitas baby cocidas
16	zanahorias baby sin piel, cocidas
16	cebollitas de Cambray cocidas
16	papitas de Cambray cocidas
16	rebanadas de elote de 2 cm [⅘ in] de ancho cocidas
16	rebanadas de camote cocidas

PARA PREPARAR EL PUCHERO:

En una olla grande u olla express ponga el agua a calentar e incorpore los huesos, las carnes,

las cebollas, las pimientas negras y la mitad de la sal. Cuando empiece a hervir, reduzca el fuego y espúmelo. Añada las verduras. Sazone con un poco de sal y la pimienta. Cocine a fuego lento durante 2 horas o hasta que el caldo esté transparente. Rectifique la sazón. Tenga cuidado que no se sobre sale. Deje enfriar. Cuélelo, desgráselo y regrese la carne al caldo. Sirva la mitad de la carne.

PARA PREPARAR LAS VERDURAS:

En una olla caliente las 6 tazas de caldo. Rectifique la sazón. Por separado cocine las verduras *al dente*.

PARA PREPARAR LA SALSA VERDE:

En la licuadora agregue los tomates verdes, los chiles serranos, el cilantro, la cebolla, los dientes de ajo, el jugo de limón, vierta el agua y la sal. Licúelos pero sin moler demasiado, hasta tener una consistencia semiespesa. Agregue un poco de agua si se requiere más líquido. Vuelva a sazonar.

PARA PREPARAR LA SALSA ROJA:

A fuego directo, ase los chiles de un lado y de otro, junto con los jitomates. En la licuadora ponga la sal, el ajo, la cebolla, los chiles, los jitomates asados, vierta el agua y remuélala hasta dejar una salsa semiespesa, si necesita un poco más de agua, incorpóresela. Rectifique la sazón. Sirva las salsas en unas salseras.

PRESENTACIÓN:

Sirva el caldo del puchero en porciones pequeñas con los trozos de carne en un recipiente profundo, a un lado ponga en recipientes por separado la salsa roja y la verde, las verduras y el resto de la guarnición.

VARIACIONES:

- El puchero se sirve en tres tiempos y los huesos de los tuétanos tendrán que estar muy calientes para que el tuétano salga hirviendo; acompáñelo con las salsas verde, roja, y tortillas recién hechas. En el segundo tiempo sirva el caldo con la cebolla, el chile verde, el cilantro, los rabanitos y los limones. En el tercer tiempo sirva la carne y las verduras; también acompáñelos con salsas y tortillas recién hechas.
- Sirva el puchero en una sopera con guarniciones y verduras al mismo tiempo.
- Cuando se sirva el caldo en porciones pequeñas, enfríe y congele el resto del caldo para utilizarlo posteriormente. Después de descongelarlo, sazónelo.
- Use la carne para hacer taquitos con rajas de chiles poblanos y cebollas salteadas con papas.
- Puede hacer garnachas con la carne deshebrada, cebolla picada y papa picada sobre tortillas fritas. Acompáñelas con salsa roja.

NOTAS:

- Lave la carne y el pollo, escúrralos y séquelos antes de utilizarlos en la receta.
- Lave las verduras y los chiles con un cepillo o una esponja, después desinfecte por 15 minutos. Escurra y deje orear antes de utilizarlos en la receta.
- Deje enfriar la carne dentro del caldo para que quede jugosa.
- El caldo se tiene que preparar con la cantidad señalada de carne para que quede sustancioso.

CALDO NORTEÑO
ESTILO HERMOSILLO

PARA EL CALDO DE RES:

20	tazas de agua
3	cebollas medianas, cortadas en cuarterones
1	cabeza de ajo chica, asada
1.400	kg [3 lb] de falda de res, orilla de filete, empuje, retazo o chambarete, o combine las carnes al gusto
1¾	cucharadas de consomé de pollo en polvo o al gusto
1¾	cucharadas de sal o al gusto

PARA LA GUARNICIÓN:

6	tazas de agua
4	papas medianas, con piel, cocidas, cortadas en cuadritos de 1 × 1 cm [²⁄₅ × ²⁄₅ in]
⅓	taza de aceite de oliva
1	cebolla mediana, rallada
4	dientes de ajo sin piel, finamente picados
8	jitomates grandes, rallados
12-16	tazas de consomé de res, desgrasado
3	ramitas de epazote medianas atadas
2	chiles cuaresmeños asados
350	g [12 oz] de queso asadero, Chihuahua o morral, retire la corteza y corte en cuadritos de ½ × ½ cm [¼ × ¼ in]
1½-2	cucharaditas de sal o consomé de pollo en polvo o al gusto

PARA PREPARAR EL CALDO DE RES:

En una olla express ponga a hervir el agua; incorpore las cebollas, la cabeza de ajo y la carne. Sazone con la sal. Tape la olla y cocine a fuego mediano. Cuando silbe, reduzca el fuego y continúe su cocción durante 1½ horas. Retire del fuego, deje enfriar. Destápela, desgrase el caldo. Rectifique la sazón para que no quede salado. Deje la carne dentro del caldo para que se hidrate.

PARA PREPARAR LA GUARNICIÓN:

En una cacerola ponga el agua a hervir, agregue la mitad de la sal; incorpore las papas y cocine por 25 minutos; escúrralas, retíreles la piel y córtelas en cuadros de ½ cm [¼ in]. En una cacerola caliente el aceite; agregue la cebolla y el ajo, acitrónelos. Sazone con un poco de sal. Incorpore el jitomate rallado, cocine durante 15 minutos o hasta que espese. Vuelva a sazonar con sal o consomé de pollo en polvo. Agregue el caldo hirviendo; añada el epazote, los chiles cuaresmeños y las papas, cocine durante 15 minutos. Rectifique la sazón. Retire el epazote y los chiles antes de servir.

PRESENTACIÓN:

Ponga los cuadritos de queso en la sopera, vierta el caldo hirviendo y sirva la sopa en tazones o en platos hondos.

VARIACIONES:
- Sirva en el caldo norteño 800 g [28 oz] de carne cocida, picada o deshebrada como guarnición.
- La carne deshebrada del caldo utilícela para hacer taquitos o un salpicón con lechuga, jitomate, cebolla, aguacate y chiles encurtidos.

NOTAS:
- Lave la carne, escúrrala y séquela antes de utilizarla en la receta.
- Lave las verduras y los chiles con un cepillo o una esponja, después desinfecte por 15 minutos. Escurra y deje orear antes de utilizarlos en la receta.
- Corte la parte de encima del jitomate.
- El jitomate rallado rinde 4 tazas.

POZOLE VERDE

PARA EL POZOLE:

20	tazas de agua
1	cabeza de ajo partida por la mitad, asada
½	kg [18 oz] de maíz *cacahuatzintli* precocido y descabezado
1½	kg [3 lb] de carne de puerco maciza, falda, pierna o lomo, cocido y cortado en trocitos de 1 cm [²⁄₅ in]
1	cebolla mediana, cortada en cuarterones
1½	cucharadas de consomé de pollo en polvo o al gusto
1½	cucharadas de sal o al gusto

PARA LA SALSA:

6	tazas de agua
16	tomatillos sin cáscara
½	cebolla mediana, cortada
3	dientes de ajo sin piel
6-8	chiles serranos sin rabito
1½	tazas de cilantro picado
12	hojas de axoxuco u hojas santa
½	taza de manteca de cerdo o aceite vegetal
¼	cebolla chica, rebanada
1½	taza de pepita de calabaza verde, tostada, ligeramente molida
1	ramita de epazote grande
1½-2	cucharadas de sal o al gusto

PARA LA GUARNICIÓN:

8	rábanos chicos, finamente rebanados
1	cebolla mediana, finamente picada
1½	tazas de lechuga finamente rebanada
10	limones partidos en cuartos
1	aguacate maduro sin cáscara, finamente picado
¼	taza de chiles serranos finamente picados o chile piquín en polvo Orégano triturado al gusto

PARA PREPARAR EL POZOLE:

En una cacerola ponga el agua, cuando suelte el hervor, agregue la mitad del consomé y de la sal, el ajo e incorpore el maíz. Cocine a fuego lento hasta que esté suave. Rectifique la sazón y continúe su cocción durante 30 minutos o hasta que empiece a florear. Incorpore los trozos de carne, la cebolla en cuarterones, el resto de la sal y el consomé. Cocine a fuego lento durante 1½-2 horas, o hasta que la carne esté suave sin que se sobre cocine. Vuelva a sazonar. Déjela enfriar en el caldo, desgráselo y corte la carne en trocitos.

PARA PREPARAR LA SALSA:

En una cacerola caliente el agua; añada los tomatillos, la cebolla, los dientes de ajo y los chiles serranos. Cocine a fuego lento durante 35 minutos, deje enfriar un poco, muélalos con el cilantro y las hojas santa. En otra cacerola, caliente la manteca o el aceite; acitrone la cebolla rebanada; incorpore la pepita molida, cocine a fuego lento durante 25 minutos o hasta que suelte su grasa. Agregue los ingredientes cocidos y molidos, continúe su cocción hasta que espese. Sazone con la sal. Ponga el maíz y la carne cocidos con el caldo suficiente para tener un pozole semiaguado. Al último momento, ponga el epazote. Rectifique la sazón.

PRESENTACIÓN:

Sirva el pozole verde en platos profundos con la carne, los rábanos, la cebolla, la lechuga y el resto del caldo hirviendo. Acompañe con el aguacate, los limones, los chiles serranos o el chile piquín y el orégano.

VARIACIONES:
- Puede utilizar chicharrón en trozos como parte de la guarnición para agregar al pozole.
- Incorpore más hojas santa con chile serrano y ajo al último momento para que la sopa quede verde y picosa.
- Sirva el pozole verde en una cazuela de barro. Acomode en cazuelitas o platitos, los rábanos, la cebolla, la lechuga, los limones, el orégano, los aguacates y el chile verde para que cada comensal prepare el pozole a su gusto.
- Sirva con tostadas fritas.

NOTAS:
- Lave la carne, escúrrala y séquela antes de utilizarla en la receta.
- Lave las verduras y los chiles con un cepillo o una esponja, después desinfecte por 15 minutos. Escurra y deje orear antes de utilizarlos en la receta.

SOPA DE TORTILLA
A LA MEXICANA

PARA LA SOPA:

4	cucharadas de aceite de maíz o girasol
4	chiles ancho desvenados, sin semillas, limpios
½	taza de agua para remojar los chiles
6	jitomates guaje medianos, cortados
1	cebolla chica, rebanada
3	dientes de ajo medianos, sin piel, picados
¼	taza de aceite
8	ramitas de cilantro o epazote
12-14	tazas de caldo de res o de pollo desgrasado, caliente (ver págs. 32 o 38)
1	cucharadita de azúcar
1½	cucharadas de sal o al gusto

PARA LA GUARNICIÓN:

1½	tazas de aceite de maíz
28	tortillas de maíz rebanadas en tiritas delgadas
8	chiles pasilla chicos, limpios
1	aguacate cortado en trocitos
1	taza de queso blanco fresco o panela rallado
¾	taza de crema natural espesa

PARA PREPARAR LA SOPA:

Precaliente una sartén con poco aceite, fría los chiles, de un lado y otro sin que se quemen porque amargan; escúrralos sobre papel absorbente, remójelos. En la licuadora muela los chiles fritos remojados con los jitomates, la cebolla, el ajo y cuele. Caliente el aceite en una cacerola y vierta la salsa colada. Sazone con un poco de sal. Fríala a fuego mediano hasta que espese y empiece a salir la grasa. Agregue el cilantro y el caldo caliente; tenga cuidado de que el caldo no este salado. Rectifique la sazón y cocine a fuego lento por 20 minuto

PARA PREPARAR LA GUARNICIÓN:

Precaliente una cacerola, incorpore el aceite y fría las tiritas de tortillas poco a poco hasta que estén doradas; escúrralas sobre papel absorbente y salpique con sal. En el mismo aceite fría los chiles sin quemarlos y retírelos; escurra sobre papel.

PRESENTACIÓN:

Sirva cada plato sopero caliente con un poco de la tortilla, la crema, el queso, el aguacate y el chile pasilla frito. Vierta encima la sopa hirviendo.

VARIACIONES:

- Adorne el plato con un chile pasilla frito, en trocitos o picado.
- Ponga el resto de la guarnición en cazuelitas para que cada comensal se sirva a su gusto.

NOTA:

- Lave las verduras y los chiles con un cepillo o una esponja, después desinfecte por 15 minutos. Escurra y deje orear antes de utilizarlos en la receta.
- Los chiles secos se desinfectan sólo por 5 minutos, ya que pueden perder su aroma o consistencia.

POZOLE
JALISCIENCE

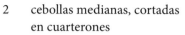

PARA EL MAÍZ:

10	tazas de agua
1	bolsa de maíz *cacahuatzintli* descabezado, remojado
1	cabeza de ajo cortada por la mitad
1¾	cucharaditas de sal o al gusto

PARA EL POZOLE:

20	tazas de agua
1	kg [2 lb] de carne maciza de puerco
1	pollo mediano
1	pechuga entera sin piel

2	cebollas medianas, cortadas en cuarterones
2	cabezas de ajo cortadas por la mitad
⅓	taza de aceite de maíz
8	chiles guajillo asados, molidos
4	dientes de ajo sin piel, molidos
1	cebolla mediana, cortada en cuarterones
4	jitomates grandes, molidos
1½	cucharadas de consomé de pollo en polvo o al gusto
1½	cucharadas de sal o al gusto

PARA LA SALSA:

2	tazas de vinagre para remojar el bolillo
1½	tazas de agua
40	g [1 oz] de chile de árbol seco, limpio, asado
1	cebolla mediana, cortada en cuarterones
1	cabeza de ajo sin piel
1	bolillo remojado en vinagre
2	cucharadas de ajonjolí ligeramente asado, opcional
2	cucharadas de sal o al gusto

PARA LA GUARNICIÓN:

1	lechuga romana mediana, finamente rebanada
1	cebolla finamente picada
6	rábanos finamente rebanados
10	limones partidos en cuartos
20	chiles de árbol secos o chiles piquín tostados, molidos
16	tortillas fritas o asadas, cortadas en totopos de 4-6 cm [1.5-2 in]
2	cucharadas de orégano triturado

PARA PREPARAR EL MAÍZ:

Lave el maíz *cacahuatzintli* precocido, descabécelo y enjuáguelo. En una cacerola u olla express ponga a calentar el agua y deje que hierva; agregue el maíz y las cabezas de ajo. Sazone con sal. Cocínelo hasta que floree. Escúrralo. Vuelva a cocinarlo en un poco de caldo y manténgalo caliente.

PARA PREPARAR EL POZOLE:

Separe el agua en dos cacerolas, póngalas al fuego. Cuando suelte el hervor agregue en una la carne de puerco, en la otra el pollo y la pechuga; casi al final añada a cada una las cebollas, las cabezas de ajo y la sal. Cocine hasta que las carnes estén suaves déjelas enfriar en el caldo y deshébrelas. Junte los caldos. En otra cacerola caliente el aceite. Muela los chiles guajillo, los dientes de ajo y la cebolla, vierta la salsa en el aceite caliente; incorpore los jitomates molidos. Cocine a fuego lento hasta que empiece a espesar. Agregue, poco a poco, los caldos hirviendo. Sazone con sal. Añada la mitad de las carnes y el pollo deshebrados con el maíz cocido.

PARA PREPARAR LA SALSA:

En la licuadora ponga el agua, el pan remojado, los chiles, los dientes de ajo, la cebolla, el ajonjolí y la sal. Muela todo hasta dejar una salsa semiespesa; si necesita un poco más de agua, agréguesela. Rectifique la sazón.

PRESENTACIÓN:

Sirva el pozole en dos tiempos. En platos hondos calientes con borde ancho, deposite al centro los granos del maíz, a un lado la carne de puerco deshebrada y del otro lado, la carne de pollo deshebrada y la lechuga. En el borde del plato coloque el resto de las guarniciones. Ponga el caldo hirviendo en una jarra, viértalo al plato al momento de servir.

VARIACIONES:
- Si se sirve en forma tradicional agregue las carnes al caldo.
- Sirva el pozole bien caliente en platos hondos de barro, presentando la guarnición aparte para que cada comensal prepare el pozole a su gusto.

NOTAS:
- Lave la carne y el pollo, escúrralos y séquelos antes de utilizarlos en la receta.
- Lave las verduras y los chiles con un cepillo o una esponja, después desinfecte por 15 minutos. Escurra y deje orear antes de utilizarlos en la receta.
- Si se sirve en dos tiempos, mantenga calientes la carne de puerco y de pollo deshebradas junto con el maíz cocido hasta el momento de presentar el pozole.
- Utilice en los meses de julio, agosto y septiembre el maíz *cacahuatzintli* fresco. Cocínelo en agua y sal (este maíz no se florea).
- Si desea más carne y pollo agréguele toda la cantidad.
- Si desea apartar la mitad de la carne refrigérela o congélela y úsela para taquitos o tostadas.
- Utilice cachete o trompa de puerco para dar más sabor.
- El maíz *cacahuatzintli* es el que se utiliza para los pozoles.

SOPA
DE MILPA

PARA EL CALDO DE POLLO:

20 tazas de agua
2 poros medianos cortados
  desde la punta hasta el rabo
5 cebollas de rabo medianas, enteras
1 cabeza de ajo entera
½ apio con hojas cortado por la mitad
6 zanahorias sin piel, cortadas
60 ramitas de cilantro atadas
6 ramitas de mejorana frescas
1 cucharadita de pimienta negra entera
1 cucharadita de pimienta gorda entera
1 kg [2 lb] de ternera cortada en trozos
6 alones de pollo enteros
1½ cucharadas de consomé de pollo
  en polvo o al gusto
1¾ cucharadas de sal o al gusto

PARA EL CALDILLO:

4 chiles guajillo desvenados, limpios,
  asados ligeramente
4-6 chiles de árbol secos, asados ligeramente
1 taza de agua
2-3 dientes de ajo medianos sin piel
1 cebolla mediana cortada en cuarterones
2 cucharadas de aceite de maíz o de oliva
1½ cucharaditas de sal o al gusto

PARA LA GUARNICIÓN:

Para las habas:
2 tazas de agua
2 tazas de haba fresca, limpia
¾ cucharadas de sal o al gusto

Para los nopales:
3 tazas de agua
1½ tazas de nopal cortado
  en tiritas delgadas
3 hojas de elote frescas

6 cáscaras de tomate verde
3 dientes de ajo sin piel
½ cebolla cortada por la mitad
1½ cucharadita de sal o al gusto

Para el cuitlacoche:
4 cucharadas de aceite de oliva
2 dientes de ajo grandes, sin piel,
  finamente picados
½ cebolla mediana, finamente picada
½ kg [18 oz] de cuitlacoche en granos
  grandes
⅓ taza de cilantro limpio,
  rebanado finamente
8 ramitas de cilantro sin tallo
1 cucharadita de sal o al gusto

PARA PREPARAR EL CALDO:

En una olla grande ponga el agua a hervir con la mitad de la sal; añada los poros, las cebollas con rabos, la cabeza de ajo, el apio, las zanahorias, el cilantro, la mejorana, las pimientas, la ternera y los alones de pollo. Sazone con otro poco de sal y tape la olla. Espume el caldo. Cocínelo durante 20 minutos. Vuelva a espumarlo, destape la olla y continúe su cocción a fuego lento durante 2 horas. Sazone nuevamente. Retire, deje enfriar y cuélelo.

PARA PREPARAR EL CALDILLO DE CHILE GUAJILLO:

Abra los chiles, retíreles las semillas, desvénelos, lávelos, escúrralos y séquelos. Precaliente un comal y ase los chiles por ambos lados y presiónelos con la parte de atrás de una cuchara, sin dejar que se quemen, porque se amargan. Páselos en un recipiente con agua y deje que se suavicen. Continúe con los chiles de árbol, áselos de un lado y otro; mientras los asa, rocíelos con un poco de agua. Si los asa en una

sartén, muévalos constantemente. Remójelos con los chiles guajillo. En la licuadora muela los chiles junto con los dientes de ajo, la cebolla y el agua donde se remojaron los chiles, hasta formar un puré. Cuélelo. En una cacerola caliente el aceite, agregue un poco de sal y vierta el chile molido. Sazone. Continúe cocinando hasta que espese. Añada el caldo de pollo, deje que suelte el hervor. Rectifique la sazón.

PARA PREPARAR LA GUARNICIÓN:

Para preparar las habas:

En una cacerola ponga el agua junto con la sal y deje que suelte el hervor. Agregue las habas, cocínelas hasta que estén verdes, tenga cuidado que no se sobrecocinen. Cuélelas y refrésquelas en agua con hielos por unos segundos. Al momento de servir páselas por agua caliente.

Para preparar los nopales:

En una cacerola u olla de cobre caliente el agua y la sal. Añada los nopales, las hojas de maíz, las cáscaras de tomate verde, los dientes de ajo y la cebolla. Cocínelos hasta que estén suaves. Escurra los nopales en una canasta de mimbre para cortar la baba. Al momento de servir pase los nopales por agua caliente.

Para preparar el cuitlacoche:

Precaliente una cacerola, incorpore el aceite, agregue los dientes de ajo, sazone con un poco de sal y acitrónelos; incorpore la cebolla y cocine hasta que esté transparente; agregue el cuitlacoche; añada el cilantro. Rectifique la sazón. Mantenga el cuitlacoche caliente hasta la hora de servir.

PRESENTACIÓN:

En platos grandes calientes con borde ancho acomode las habas, los nopales, el cuitlacoche y el cilantro. Ponga el caldo hirviendo en una sopera y sirva el caldo de milpa en cada plato.

VARIACIONES:

- En una cacerola ponga a calentar el aceite y la mantequilla; agregue la cebolla, los chiles serranos o jalapeños y el elote desgranado. Cocine a fuego mediano y sazone con un poco de sal. Continúe su cocción hasta que el elote esté tierno. Incorpore de 12 a 14 tazas de caldo y deje que hierva durante 20 minutos. Sazone nuevamente.

PARA CALDO VERDE:

- En la licuadora muela los chiles poblanos, los chiles jalapeños, la cebolla y los dientes de ajo con un poco del caldo restante. Con la ayuda de un cuchillo muy filoso pique finamente el cilantro, los aguacates, la cebolla sobrante y mezcle todo muy bien. Sazone con el jugo de limón. En una cacerola caliente el aceite y fría las tiritas de las tortillas. Apártelas y escúrralas sobre papel absorbente. Agréguelas al caldo verde, acompañe con queso asadero o queso fresco.
- Ponga a calentar el caldo con los elotes y añada hasta el último momento la *Guarnición 2*. Deje que hierva por unos minutos y sirva en una sopera o en platos hondos adornados con la tortilla frita y la crema. Sirva inmediatamente.

NOTAS:

- Lave la carne y el pollo, escúrralos y séquelos antes de utilizarlos en la receta.
- Lave las verduras y los chiles con un cepillo o una esponja, después desinfecte por 15 minutos. Escurra y deje orear antes de utilizarlos en la receta.

SOPA DE LENTEJA
Y PLÁTANO MACHO

PARA LA SOPA:

12	tazas de agua o caldo de pollo
400	g [14 oz] de lenteja grande, limpia
5-6	tazas de caldo de res o pollo (ver pág. 32 o 38)
1	cebolla mediana, cortada en cuarterones
4	dientes de ajo sin piel
900	g [32 oz] de jitomate redondo, cortado
250	g [9 oz] de manzana cortada
300	g [11 oz] de plátano macho sin piel, cortado
8	g [¼ oz] de chile cascabel sin semillas
200	g [7 oz] de coco fresco rallado
40	ramas de cilantro atado
1¾	cucharadas de sal o consomé de pollo en polvo o al gusto

PARA LA GUARNICIÓN:

1	taza de aceite de maíz o de girasol
400	g [14 oz] de plátano macho cortado en ruedas, medias lunas y cuadritos
8	chiles de árbol fritos

PARA PREPARAR LA SOPA:

En una olla express caliente el agua, agregue las lentejas limpias, la cebolla, el ajo, el jitomate, la manzana, el plátano, el chile y el coco. Sazone con un poco de sal. Agregue el cilantro, el agua o caldo de pollo. Cocine durante 45 minutos. Deje enfriar, muélala y cuélela (se puede hacer sin colar). Precaliente en una sartén el aceite, dore la cebolla y retírela; agregue la sopa molida. Vuelva a sazonar. Incorpore el resto del líquido.

PARA PREPARAR LA GUARNICIÓN:

Fría el plátano macho y escúrralo sobre papel absorbente. Refría también los chiles hasta que estén crujientes, retírelos y escúrralos.

PRESENTACIÓN:

Sirva la sopa caliente en un plato o tazón y acompañe con el plátano macho y los chiles de árbol fritos.

VARIACIONES:
- Adorne con un chile de árbol frito.
- Al servir agregue un chorrito de aceite de oliva.

NOTAS:
- Lave las verduras y los chiles con un cepillo o una esponja, después desinfecte por 15 minutos. Escurra y deje orear antes de utilizarlos en la receta.
- Los chiles se fríen sin llegar a quemarse, ya que si no amargan. Solamente que queden crujientes.

SOPA
DE HABA

PARA LA SOPA:

20	tazas de agua si se cuecen en olla de barro o 16 tazas de agua si se cuecen en olla express
450	g [16 oz] de haba seca, limpia
1	cebolla mediana, cortada por la mitad
1	cabeza de ajo partida por la mitad
6	cebollas de rabo medianas, cortadas por la mitad
12	cebollitas de Cambray con rabo
1	poro chico cortado en trozos
2	manojos de cilantro (50 ramitas limpias) atados
¾	cucharada de sal o al gusto

PARA LOS NOPALES:

6	tazas de agua
½	cebolla mediana, cortada en cuarterones
½	cabeza de ajo
10	hojas de elote frescas
10	cáscaras de tomate verde
1	olote limpio
15	nopales cortados en tiritas de ½ × 2 cm [⅕ × ⅘ in]
1	latita de 120 g [4 oz] de rajas de chiles jalapeños en escabeche fileteadas
½	cucharada de sal o al gusto

PARA LA GUARNICIÓN:

½	taza de cilantro finamente picado
16	venas de chile guajillo fritas o 6 chiles de árbol fritos, picados
	Aceite de oliva al gusto

PARA PREPARAR LA SOPA:

Ponga a calentar el agua en una olla de barro o en una cacerola honda. Deje que suelte el hervor. Agregue la mitad de la sal, las habas, las cebollas y la cabeza de ajo. Cocine a fuego mediano hasta que empiecen a deshacerse. Incorpore las cebollas partidas con sus rabos, las cebollitas de Cambray, el poro y los manojos de cilantro. Continúe cocinando las habas hasta que tomen la consistencia de una crema semiespesa. Retire los manojos de cilantro y muela las habas con las demás verduras de la sopa. Agregue la mitad de los nopales con los chiles jalapeños con su escabeche, continúe su cocción. En caso que la sopa esté muy espesa añada un poco más de agua para dejar una consistencia semiespesa. Vuelva a sazonar.

PARA PREPARAR LOS NOPALES:

En una cacerola ponga a calentar el agua; añada la sal, la cebolla, la ½ cabeza de ajo, las hojas de elote, las cáscaras de tomate verde, el olote y deje que suelte el hervor; incorpore los nopales. Cocine durante 20 minutos o hasta que estén suaves, retírelos y cuélelos en una canasta de mimbre para que se les corte la baba.

PRESENTACIÓN:

Sirva la sopa caliente en platos hondos. Adorne con los nopales, el cilantro finamente picado, las venas de los chiles fritos o los chiles de árbol fritos y picados. Agregue un chorrito de aceite de oliva.

VARIACIONES:

- Sirva la sopa en una olla o una sopera de barro, con las guarniciones en ella o aparte.
- Si la sopa está muy espesa incorpore un poco más de caldo.
- Cueza la sopa en la olla express, sazónela antes con un poco de sal, cuando estén cocidas las habas vuelva a cocinarla como en la receta.

NOTA:

- Lave las verduras y los chiles con un cepillo o una esponja, después desinfecte por 15 minutos. Escurra y deje orear antes de utilizarlos en la receta.

SOPA DE FRIJOL CON
CAMARÓN AL AJO, COMINO Y HOJA DE AGUACATE ESTILO OAXACA

PARA 8 PERSONAS

PARA EL FRIJOL:

4	tazas de agua
400	g [14 oz] de frijol negro remojado durante 6 horas
1	cebolla mediana, cortada en cuarterones
½	cabeza de ajo cortada
1	cucharadita de comino entero Agua hasta cubrir 3 tantos más del frijol
3	cucharaditas de sal o al gusto (agregarla hasta que esté cocido el frijol)

PARA EL CALDO DE POLLO:

16	tazas de agua
4	alones enteros de pollo
6	ramas de apio cortadas
4	zanahorias grandes sin piel, cortadas
½	cebolla mediana cortada en cuarterones
½	cabeza de ajo grande, sin piel
6	ramas de perejil atadas
1	cucharada de sal o al gusto

PARA LA BASE DE LA SOPA:

6   jitomates guaje medianos, asados, molidos
2   chiles chipotle secos, morita o pasilla oaxaqueño, sin semillas, desvenados, asados, remojados, fritos, limpios
6   dientes de ajo sin piel, finamente picados
1   cebolla mediana cortada en cuarterones, ligeramente asada
1   cucharadita de comino entero
12 hojas de aguacate ligeramente asadas, molidas

¼   taza de manteca, aceite de oliva o aceite de girasol
4   dientes de ajo sin piel
1½ tazas de crema ligera
1½ cucharaditas de sal

PARA LA GUARNICIÓN DE LA SOPA:

40 g [1 oz] de mantequilla
3   cucharadas de aceite de oliva
½   cebolla finamente picada
1½ cucharadas de dientes de ajo sin piel, finamente picados
4   chiles serranos sin rabito, finamente picados
8   camarones U10 sin cabeza, sin piel, desvenados
½   taza de vino blanco
½   cucharada de sal y pimienta al gusto

PARA PREPARAR EL FRIJOL:

Lave el frijol y póngalo a remojar durante 6 horas o toda la noche. Escúrralo y lávelo. Ponga en una olla express con agua, que cubra 3 veces más del tanto del frijol junto con la cebolla, la cabeza de ajo y la cucharadita de comino. Cocine a fuego fuerte, cuando la válvula empiece a silbar reduzca la flama a fuego mediano por 45 minutos a 1 hora. Sazónelo y muélalo. Deje enfriar.

PARA PREPARAR EL CALDO DE POLLO:

En una olla ponga a calentar el agua e incorpore los alones, las verduras y sazone. Cocine el caldo durante 1½ horas. Deje enfriar y retire la grasa.

PARA PREPARAR LA BASE DE LA SOPA:

En un comal ase los jitomates, muélalos con los chiles chipotles fritos y remojados junto con los dientes de ajo, la cebolla, el comino y las hojas de aguacate. En una cacerola caliente el aceite o la manteca e incorpore los dientes de ajo hasta que doren ligeramente; agregue los jitomate molidos, sazone y cocine hasta que espese; añada el frijol molido y cocine durante 20 minutos. Incorpore de 4 a 6 tazas del caldo de pollo, y por último añada la crema. Cocine de 5 a 10 minutos. Vuelva a sazonar.

PARA PREPARAR LA GUARNICIÓN:

Precaliente una sartén, incorpore el aceite y la mantequilla; acitrone la cebolla y el ajo; agregue los chiles con los camarones, saltéelos; añada el vino blanco y sazone. Cocínelos de 2 a 3 minutos o hasta que adquieran un color rosado. Retírelos y apártelos. Continúe con la reducción del vino hasta la mitad. Salpimente. Vierta el caldillo reducido a la sopa.

PRESENTACIÓN:

Sirva en platos profundos la sopa de frijol hirviendo. Adorne con un camarón encima, gotee la marinada, el chile serrano y el aceite.

VARIACIONES:
- Agregue a la sopa camarones U 16-20, que son más pequeños; añada de 4-6 por persona.
- 10 tortillas delgadas, fritas en totopos
  1 aguacate maduro sin cáscara, finamente picado
  ½ taza de crema natural espesa
- Sirva en cazuelitas profundas y calientes. Adorne con 4 camarones encima, los totopitos, los aguacates picados y la crema natural. Sirva inmediatamente.

NOTAS:
- Lave las verduras y los chiles con un cepillo o una esponja, después desinfecte por 15 minutos. Escurra y deje orear antes de utilizarlos en la receta.
- Lave el pollo, escúrralo y séquelo antes de utilizarlo en la receta.
- Cuando compre los camarones, deberá cuidar que la carne esté firme, que su cáscara no se desprenda y que tenga olor a mar.
- Lave los camarones, retíreles su piel o caparazón, desvaine antes de utilizarlos en la receta.
- Retire el agua donde se remojaron los frijoles y enjuáguelos antes de cocinarlos.
- Enfríe la olla express en el chorro de agua fría hasta que deje de silbar.
- La sopa deberá tener una consistencia ligera.

SOPA DE FRIJOL
ESTILO SAN CRISTOBAL

PARA EL FRIJOL:

500	g [18 oz] de frijol rojo, bayo, o flor de mayo
1	cabeza de ajo cortada por mitad
1	cebolla mediana, cortada por mitad
	Agua
	Sal al gusto

PARA LA SOPA:

⅓	taza de aceite de oliva o manteca de cerdo
3	jitomates grandes, molidos
4	dientes de ajo chicos, sin piel, molidos
½	cebolla mediana, molida
½	taza de longaniza finamente picada, frita
½	taza de chorizo finamente picado, frito
½	taza de jamón tipo español, finamente picado
3-4	tazas de caldo de pollo desgrasado (ver pág. 53)
1	cucharadita de pimienta gorda molida
½-¾	cucharada de sal o al gusto

PARA LA GUARNICIÓN:

1½	tazas de queso fresco, Oaxaca o asadero, que se derrita
8	chiles de árbol o japonés secos, fritos
8	chiles simojovel, bolita o comapeño fritos

PARA EL FRIJOL:

Prepare los frijoles (ver pág. 53); ya cocidos, déjelos enfriar, retire la cabeza de ajo, muélalos y cuélelos.

PARA PREPARAR LA SOPA:

Precaliente una sartén, agregue 3 cucharadas de aceite; fría la longaniza hasta que este crujiente, retírela y escúrrala; en esa misma grasa fría el chorizo hasta que quede crujiente, retírelo y escúrralo. Apártelos.

Precaliente una cacerola vierta el aceite; muela el jitomate con el ajo y la cebolla, cuélelo, refríalo hasta que empiece a soltar su grasa. Sazónelo. Incorpore la longaniza, el chorizo y el jamón. Continúe su cocción. Añada el puré de frijol. Vuelva a sazonar, cocine durante 25 minutos. Agregue el caldo de pollo (si es necesario vierta un poco más). Rectifique la sazón.

PRESENTACIÓN:

Vierta la sopa hirviendo en una sopera o en platos hondos calientes, en cada plato hondo ponga un poco de queso, vierta la sopa y espolvoree el chile. Sírvala.

VARIACIONES:
- Sirva con crema natural o con hongos salteados en mantequilla y chile simojovel, chile seco bolita o comapeño frito.
- Sirva la sopa con tortillas cortadas en cuadritos, fritas.
- Acompañe con aguacate picado.
- Sirva la sopa como salsa para enfrijoladas con queso fresco, crema y chile frito entero o desmoronado.

NOTAS:
- Compre el frijol en el mercado, ya que son más frescos, del cultivo de la temporada y se cuecen con más rapidez.
- Limpie y lave el frijol, ya que tiene piedritas.
- Deje remojando los frijoles desde el día anterior, lávelos y escúrralos.
- Lave las verduras y los chiles con un cepillo o una esponja, después desinfecte por 15 minutos. Escurra y deje orear antes de utilizarlos en la receta.
- Los chiles fríalos en un poco de aceite, sofríalos rápidamente para que queden crujientes y no se quemen.

SOPA DE CODITO
CON ACELGA Y CALLO GARRA DE LEÓN

≈ PARA 8 PERSONAS

PARA EL CALDILLO:

4	jitomates grandes maduros, cortados
½	cebolla mediana, cortada
3	dientes de ajo medianos, sin piel
½	taza de agua
¼	taza de aceite de oliva o girasol
1½	cucharaditas de sal o al gusto

PARA LA SOPA:

3½	lt [6 pt] de caldo de pollo desgrasado, caliente (ver pág. 52)
1½	kg [3 lb] de acelgas grandes o pequeñas en rebanadas delgadas
2	tazas de agua
1½	tazas de pasta de coditos
1	cucharada de sal o al gusto

PARA LA GUARNICION:

8	callos garra de león
1	taza de pasta de coditos cocidos
1	taza de hojas de espinaca en rebanadas delgadas, al vapor
250	g [9 oz] de queso parmesano
150	g [5 oz] de queso manchego rallado
	Mantequilla al gusto
	Aceite de oliva
	Sal y azúcar al gusto

PARA PREPARAR EL CALDILLO:

En una licuadora muela los jitomates, la cebolla y los dientes de ajo junto con el agua. Remuela todo hasta formar un caldillo semiespeso. Cuélelo. Precaliente una cacerola, agregue el aceite, sazone con un poco de sal, vierta el caldillo de jitomate. Cocínelo a fuego mediano hasta que espese ligeramente y empiece a subir su grasa. Vuelva a sazonar. Retire la grasa.

PARA PREPARAR LA GUARNICIÓN:

Ponga a hervir el caldo y viértalo al caldillo caliente. Precaliente otra cacerola e incorpore las acelgas. Sazónelas con un poco de sal y tápelas. Cocine durante 3-5 minutos. Agregue al caldillo, continúe cocinando durante 5 minutos más. En otro recipiente añada el agua junto con la sal y el aceite, cuando suelte el hervor; cocine los coditos durante 3-6 minutos, la pasta deberá quedar al dente. Aparte una taza de coditos cocidos.

Agregue la pasta al caldillo y continúe su cocción durante 6-8 minutos Rectifique la sazón.

PARA PREPARAR LA GUARNICIÓN:

Caliente una sartén gruesa, agregue mantequilla clarificada y el aceite, salpique con sal y azúcar, selle los callos garra de león por las dos superficies planas y los contornos, deberán tomar un color caramelo.

- Salteé las acelgas con cebolla y aceite de oliva. Salpimente. A la sopa agréguele pasta de municiones, de pluma, letras o corbata, si decide no prepararla con coditos.
- En platos imperiales hondos calientes, coloque al centro un callo garra de león por persona, sirva la sopa de coditos con acelgas caliente. Acompañe con queso parmesano o manchego rallado.

NOTAS:

- Lave las verduras con un cepillo o una esponja, después desinfecte por 15 minutos. Escurra y deje orear antes de utilizarlas en la receta.
- El callo garra de león debe tener un color blanco, si es congelado el hielo deberá estar cristalino y sin aroma.

PRESENTACIÓN:

En platos hondos o tazones calientes, coloque al centro un callo garra de león por persona, acomode alrededor la pasta de codito y las espinacas, adorne con queso parmesano o manchego. Vierta la sopa de codito y acelga en una sopera y sírvala bien caliente.

SOPA DE ALCACHOFA
AL BRÓCOLI

PARA LAS ALCACHOFAS:

10	alcachofas medianas, limpias
3	tazas de agua
6	limones, su jugo
6	tazas de agua
1	cucharadita de azúcar
1½	cucharaditas de sal o al gusto

PARA LA SOPA:

¼	taza de aceite de oliva
60	g [2 oz] de mantequilla
1	poro grande, rebanado
1	cebolla mediana cortada en cuarterones
3	dientes de ajo medianos, sin piel
4	echalotes medianas, limpias, cortadas
4	hojas de lechuga romana cortada
1	limón mediano, su jugo
2	tazas de brócoli limpio, rebanado
2-3	lt [4-5 pt] de caldo de pollo (ver pág. 16)
60	g de mantequilla
¼	taza de aceite de oliva extra virgen

3	echalotes medianas, finamente picadas
2	cucharadas de harina de arroz
1	taza de crema natural caliente
2	tazas de flor de brócoli, cocido al vapor y molido
1	cucharadita de pimienta negra, recién molida
1½	cucharadas de sal o al gusto

PARA LA GUARNICIÓN:

	Los fondos de alcachofa cocidos
4	huevos duros rallados por separado la yema y la clara
4	cebollitas de Cambray medianas, finamente picadas
6	cucharadas de perejil limpio, finamente picado
1½	cucharadas de raspadura de limón o de mandarina

PARA PREPARAR LOS FONDOS DE ALCACHOFA:

Lave bien las alcachofas. Con un cuchillo filoso corte en crudo de 3 a 4 cm [1 × 1½ in] de la base, troce con la mano lo más que pueda de la punta de las hojas, reserve las hojas y con una cuchara retire el centro de la alcachofa para obtener el corazón. Póngalos a remojar en agua con limón durante 20 minutos. En una cacerola caliente las 6 tazas de agua con el azúcar y la sal. Cocínelos a fuego mediano durante 20–25 minutos, verifique con la ayuda de un tenedor si están suaves, de lo contrario cocine durante unos minutos más. Con cuidado páselos por un colador y drénelos, colóquelos en un refractario y refrigérelos. Guarde un poco del líquido donde se cocinaron para poder calentar los fondos al momento de servir.

PARA PREPARAR LA SOPA:

Precaliente una cacerola, incorpore el aceite junto con la mantequilla y sazone con un poco de sal; agregue el poro rebanado, la cebolla, los dientes de ajo, la echalote, la lechuga rebanada, junto con las hojas de alcachofa que apartó y el jugo de limón. Tápela y cocine a fuego lento durante 30 minutos. Incorpore el brócoli junto con la mitad del caldo de pollo. Continúe su cocción por 15 minutos más. Rectifique la sazón. Deje enfriar y muela todo hasta que obtenga un puré espeso. Cuélelo.

Precaliente otra cacerola durante 4 minutos, añada la mantequilla junto con el aceite; incorpore las echalotes, saltéelas ligeramente; agregue la harina de arroz y dórela ligeramente. Retírela del fuego y vierta poco a poco el resto del caldo hirviendo junto con la crema. Sazone e incorpore el puré de las alcachofas. Deje que hierva a fuego lento durante 25 minutos. Incorpore el brócoli molido al último momento para que tenga color y textura. La sopa deberá tener una consistencia semiespesa. Vuelva a sazonar, en caso que requiera más caldo o crema añádaselo para que tenga una consistencia aterciopelada. Rectifique la sazón.

PRESENTACIÓN:

Sirva en platos hondos calientes los fondos de alcachofa y rellénelos de un lado la clara y del otro la yema, ponga las cebollitas, el perejil y un poco de raspadura de limón o de mandarina. En una jarra o tetera caliente, vierta la sopa hirviendo. Sírvala.

VARIACIONES:
- Sirva la sopa de alcachofa con hueva de pescado frita.
- Agregue a la sopa crema ligera para batir.
- Incorpore antes de servir trocitos de mantequilla, tenga cuidado de no espesar demasiado la sopa. Si espesa añada un poco más de caldo.

NOTAS:
- Lave las verduras con un cepillo o una esponja, después desinfecte por 15 minutos. Escurra y deje orear antes de utilizarlas en la receta.
- Las alcachofas deberán estar muy frescas al igual que el brócoli.

SOPA DE LANGOSTINOS
CON ESENCIA DE LIMA Y NARANJA AGRIA

PARA LA SOPA DE LANGOSTINOS:

20	tazas de agua
10	langostinos o acamayas limpios
2	cabezas de mero o robalo medianas, muy frescas, limpias
2	colas o cualquier otro pescado, muy fresco, limpio
8	jitomates bola grandes, asados, cortados
6	zanahorias medianas
4	ramas de apio medianas
2	cebollas medianas, asadas, cortadas
½	cabeza de ajo asada
1	cucharada de orégano yucateco o al gusto
1	cucharada de recado para bistec desmoronado
3	manojitos de perejil atados
4	limas chichonas cortadas por la parte de abajo en forma de cruz
2	naranjas agrias, su jugo
¾	cucharada de sal de grano o al gusto
1½	cucharadas de consomé de pollo en polvo o al gusto
½	cucharada de sal fina o al gusto

PARA LA GUARNICIÓN 1:

8	hojas de grenetina remojadas en agua fría
¼	taza de agua para remojar la grenetina
1½	tazas de jugo de naranja agria
½	cucharadita de sal

PARA LA GUARNICIÓN 2:

8	langostinos o acamayas grandes con los caparazones abiertos por la mitad o en mariposa, marinados con 2 cucharadas de achiote preparado
¼	taza de aceite de oliva
¼	taza de recado para bistec
¼	taza de salsa para marinar tipo achiote marca "Gavilla"
2	dientes de ajo grandes sin piel Aceite de oliva (caliéntelo y dore en él los ajos) Sal de grano o de mar al gusto

PARA LA PRESENTACIÓN:

1	cebolla mediana, asada, cortada en cuadros
4	chiles habaneros crudos, asados, cortados por la mitad

PARA PREPARAR LA SOPA:

En una cacerola ponga a calentar el agua; agregue la mitad de la sal, añada los langostinos o acamayas, las cabezas y las colas de pescado. Espúmelo. Incorpore los jitomates asados y cortados, las zanahorias, las ramas de apio, las cebollas, la cabeza de ajo asada, el orégano, el recado para bistec, el perejil, la mitad del jugo de las naranjas. Vuelva a sazonar con otro poco de sal y consomé de pollo en polvo. Cocine el caldo durante 2 horas. Cuélelo, regréselo a la cacerola. Rectifique su sazón. Incorpore unos minutos antes de servir la lima cortada en forma de cruz y el jugo de las naranjas agrias. Déjelo hervir durante 4 minutos y retire las limas. Manténgalo caliente y páselo a una sopera al momento de servir.

PARA PREPARAR LA GUARNICIÓN 1:

En un recipiente ponga las 8 hojas de grenetina, recubra ligeramente con agua, deje que se suavicen, retírelas. En una cacerola ponga el ¼ de taza de agua a calentar, agregue las hojas de grenetina, el jugo de naranja agria y la sal hasta que se derrita sin que hierva; vierta la gelatina en un refractario cuadrado pequeño y refrigérela hasta que cuaje. Córtela en cuadros de 3 × 2 cm [1 × ¾ in].

PARA PREPARAR LA GUARNICIÓN 2:

Precaliente el horno a 300°C-400°F durante 1 hora. Limpie los langostinos y córtelos por la mitad o ábralos en mariposa, deje sus caparazones, retire las patitas. Salpíquelos con sal y un poco de recado para bistec. Embarre los langostinos o acamayas con la salsa de achiote preparada. Áselos en una sartén por 1-2 minutos, termínelos de cocinar volteados en una charola o hacia arriba y hornéelos en la parte superior del horno durante 2-4 minutos, o bien en una sartén hasta que esponjen. Una vez fuera del horno, rocíelos con el aceite al ajo y granos de sal. Tenga cuidado de no resecarlos.

PRESENTACIÓN:

En platos calientes para sopa, hondos o extendidos, tome un cuadro de la gelatina, adorne con la cebolla, los chiles habaneros asados, entrelace los langostinos partidos por la mitad o abiertos en mariposa. Sirva en la mesa en dos tiempos con el caldo hirviendo en jarritas individuales o en sopera.

VARIACIONES:
- Ponga al caldo chilmole y combínelo también con el achiote.
- Sirva con tortillas recién hechas y sírvalas en un *lek* (calabaza ahuecada), y pásela con una servilleta de lino tapada.
- Ponga a cada comensal un tenedor, cuchillo de pescado y cuchara; también coloque un plato de apoyo para que retiren los comensales los caparazones de los langostinos.
- Pase *cíos* con agua y limón, y una servilleta para limpiarse las manos.

NOTAS:
- Los langostinos deberán estar frescos, con aroma a mar, su caparazón firme, crujiente y no aguado; si son congelados el agua del hielo deberá ser transparente y con olor a mar, su carne debe ser firme con textura y no suave. Descongélelos en el refrigerador; cuando los abra o trabaje siempre ponga un recipiente con hielo para mantenerlos frescos.
- El pescado fresco deberá tener la carne firme, los ojos brillantes y las agallas rojas.
- La grenetina se compra en tiendas de pastelería o utilice 2½-3 sobrecitos de gelatina sin sabor.
- Lave las verduras y los chiles con un cepillo o una esponja, después desinfecte por 15 minutos. Escurra y deje orear antes de utilizarlos en la receta.
- El achiote y el recado para bistec son condimentos yucatecos, los encuentra en el mercado en las especias yucatecas.

SOPA DE
PESCADO VERDE

PARA EL CALDO DE PESCADO:

20	tazas de agua
2	tazas de vino blanco seco
2	cabezas de pescado medianas, huachinango, mero, robalo u otros, limpias, muy frescas
1	kg [2 lb] de colas de pescado, huachinango, mero, robalo u otro, muy frescas
2	pescados pequeños (200 g [7 oz] c/u), mojarra, extraviado, rubia o pargo
½	apio partido en trozos
6	jitomates bola medianos, partidos por la mitad
1	cebolla mediana, cortada en cuarterones
1	cabeza de ajo sin piel
10	ramitas de mejorana frescas
1	cucharadita de orégano seco, triturado con las manos
½	cucharadita de pimienta negra entera
½	cucharada de consomé de pollo en polvo o al gusto
¾	cucharada de sal o al gusto

PARA LA BASE DE LA SOPA:

⅓	taza de mantequilla partida en trocitos
¼	taza de aceite de oliva
⅓	taza de dientes de ajo sin piel, finamente picado
2	tazas de cebolla finamente picada
12	chiles serranos largos, chilacas o poblanos, medianos, asados ligeramente a fuego directo, sin piel, desvenados, cortados en rajitas
12	ramitas de mejorana frescas
8	ramitas de tomillo frescas, finamente picadas
8	hojas de hoja santa frescas
1	cucharadita de hojas de orégano seco Sal al gusto

PARA LA GUARNICIÓN:

1.200	kg [3 lb] de filete fresco de pescado, negrilla, pámpano, huachinango, mero, rubia o robalo, cortado en filetes de 150 g [5 oz] c/u
⅓	taza de aceite de oliva
4	cucharadas de mantequilla
1	cucharada de sal de grano o al gusto

PARA LA VARIACIÓN:

16	ramitas de mejorana frescas
16	rebanadas de limón
4	limones partidos por la mitad

PARA PREPARAR EL CALDO:

En una cacerola grande ponga el agua y el vino a hervir. En cuanto suelte el hervor agregue las cabezas, las colas de pescado, los pescados enteros, el apio, los jitomates, la cebolla, la cabeza de ajo, la mejorana, la pimienta y el orégano. Sazone con un poco de sal. Continúe su cocción a fuego mediano durante 2 horas con la cacerola destapada para que se reduzca el líquido a la mitad. Vuelva a sazonar (sin salarlo). Retire el caldo del fuego. Desgráselo, retire las cabezas y las colas de pescado, escurra los vegetales para extraerles el líquido, mantenga el caldo caliente.

PARA PREPARAR LA BASE DE LA SOPA:

Precaliente una cazuela honda, incorpore la mantequilla y el aceite; agregue los dientes de ajo, la cebolla y saltéelos hasta que doren ligeramente; añada los chiles y sofríalos durante 2 minutos. Sazone con sal. Agregue las ramitas de mejorana, tomillo, la hoja santa y el orégano; vierta la mitad del caldo caliente y cocine durante 30-40 minutos, hasta que espese.

PARA PREPARAR LA GUARNICIÓN:

Precaliente una sartén por 4-5 minutos, incorpore el aceite de oliva y la mantequilla. Sazone con ⅛ de cucharadita de sal cada filete, cocínelos con la piel hacia abajo hasta que doren. Voltéelos y continúe su cocción durante 2-3 minutos más.

PRESENTACIÓN:

Sirva en platos semihondos la sopa semiespesa y coloque encima los trozos de pescado crujientes y en su punto.

VARIACIONES:

- Sirva la sopa en una sopera adornada con las ramas de mejorana y los limones partidos.
- Por último añada a la sopa los trocitos de pescado, continúe su cocción durante 3-4 minutos. Retire del fuego. Rectifique la sazón.
- Sirva la sopa bien caliente en tazones. Adorne con una ramita de mejorana y una rebanadita de limón. Sirva inmediatamente.
- Los chiles y las hierbas de esta receta los puede incluir molidos.

NOTAS:

- El pescado fresco deberá tener la carne firme, los ojos brillantes y las agallas rojas.
- Lave las verduras y los chiles con un cepillo o una esponja, después desinfecte por 15 minutos. Escurra y deje orear antes de utilizarlos en la receta.
- Tenga cuidado que no se reseque el pescado.

SOPA DE PESCADO ESTILO
ISLA DEL ESPÍRITU SANTO

PARA EL CALDO:

20	tazas de agua
2	cabezas medianas de pescado, huachinango, mero o robalo, muy frescas
1	kg [2 lb] de cola de pescado, huachinango, mero o robalo, muy fresca
2	pescados pequeños (200 g [7 oz] c/u), cabrilla, extraviado, rubia, pargo o robalo
2	tazas de vino blanco seco
½	apio picado en trozos
8	jitomates bola medianos, partidos por la mitad
1	cebolla mediana, cortada en cuarterones
1	cabeza de ajo partida por la mitad
15	ramitas de mejorana frescas
1	cucharadita de pimienta negra entera
3	cucharaditas de orégano seco, triturado con las manos
¾	cucharada de sal de grano o al gusto
1½	cucharadas de consomé de pollo en polvo o sal fina

PARA LA BASE DE LA SOPA:

⅓	taza de mantequilla partida en trocitos
¼	taza de aceite de oliva
⅓	taza de dientes de ajo sin piel, finamente picados
2	tazas de cebolla finamente picada
14	chiles serranos largos, poblanos o chilacas, asados ligeramente, sin piel, desvenados, cortados en rajitas muy delgadas
12	ramitas de mejorana frescas

8	ramitas de tomillo frescas
1	cucharadita de hojas de orégano seco
1	kg [2 lb] de pescado, huachinango, mero o robalo, muy fresco, limpio, cortado en trocitos de 4 × 4 cm [1.5 × 1.5 in] Sal al gusto

PARA LA GUARNICIÓN:

16	ramitas de mejorana frescas

PARA PREPARAR EL CALDO:

En una cacerola grande ponga el agua a hervir. Agregue las cabezas, las colas de pescado, los pescados enteros, el vino, el apio, los jitomates, la cebolla, la cabeza de ajo, la mejorana, la pimienta, el orégano y la sal. Continúe su cocción a fuego mediano durante 2 horas con la cacerola destapada para que se reduzca el líquido a la mitad. Aparte el caldo del fuego. Retire las cabezas y las colas de pescado, escurra los vegetales y mantenga el caldo tibio.

PARA PREPARAR LA BASE DE LA SOPA:

Precaliente una cazuela honda, incorpore la mantequilla y el aceite; agregue los dientes de ajo, la cebolla y saltéelos hasta que doren ligeramente; añada el chile y sofríalo durante 4 minutos. Sazone con sal y añada las ramitas de mejorana, tomillo y el orégano. Vierta el caldo hirviendo y cocine durante 20 minutos. Por último, incorpore el pescado y continúe su cocción durante 3 ó 4 minutos. Retire del fuego. Rectifique la sazón.

PRESENTACIÓN:

Antes de servir el pescado pochéelo, con piel o sin piel, en una cacerola con un poco de caldo hirviendo de 3 a 5 minutos. Sirva la sopa bien caliente en tazones o platos hondos junto con el pescado cocido en su punto. Adorne con una ramita de mejorana.

VARIACIONES:

- Preséntela en una sopera adornada con las ramas de mejorana y las rodajas de limón.
- Aparte un poco de las rajitas de los chiles. Saltéelas y agréguelas a la sopa para que tenga un color más verde.

NOTAS:

- El pescado fresco deberá tener la carne firme, los ojos brillantes y las agallas rojas.
- Lave el pescado, escúrralo y séquelo antes de utilizarlo en la receta.
- Lave las verduras y los chiles con un cepillo o una esponja, después desinfecte por 15 minutos. Escurra y deje orear antes de utilizarlos en la receta.

SOPA DE CANGREJO
ESTILO MÉRIDA

PARA EL CALDO:

18   tazas de agua
8   manos de cangrejo muy frescas, cortadas en tres partes cada una
2   cabezas de pescado muy frescas
1   cebolla asada
½   cabeza de ajo asada
8   hojas de orégano yucateco fresco ó 1 cucharadita de orégano seco
2½ cucharadas de sal o al gusto

PARA LA BASE DE LA SOPA:

⅓   taza de aceite de oliva
2   cebollas grandes rebanadas diagonalmente
3   papas grandes rebanadas en tiras delgadas
¾   taza de perejil finamente picado
8   jitomates guaje maduros, finamente picados
8   pimientos verdes o rojos, pequeños, picados en cuadritos
2   cabezas de ajo asadas, molidas
6   hojas de laurel frescas
½   cucharada de pimienta negra semimolida
16   manos de cangrejo muy frescas
1½ cucharadas de sal o al gusto

PARA LA PRESENTACIÓN:

1½ cucharaditas de orégano desmoronado
½   taza de perejil finamente picado

PARA PREPARAR EL CALDO:

En una olla grande ponga a hervir el agua con sal, incorpore las manos de cangrejo las cabezas de pescado, la cebolla, el ajo y el orégano. Cocine a fuego mediano durante 1½ horas. Aparte el caldo del fuego, deje enfriar. Cuélelo. Retire las manos de cangrejo, desmenúcelas. Resérvelas.

PARA PREPARAR LA BASE DE LA SOPA:

Precaliente una sartén, agregue el aceite; incorpore la cebolla y saltéela; añada las papas, el perejil, los jitomates, los pimientos, las cabezas de ajo, las hojas de laurel, la pimienta y la sal. Cocine hasta que empiece a salir su grasita. Caliente el caldo de pescado, cocine las manos de cangrejo, incorpore la pulpa, retírelas y añada un poco a la base de la sopa y el resto a la hora de servir. Rectifique la sazón.

PRESENTACIÓN:

En platos hondos sirva la base de la sopa al centro, coloque las manos de cangrejo entrelazadas y vierta el caldo. Pase pinzas para abrir los cangrejos y un *cío* (plato hondo con agua para que el comensal se enjuague los dedos).

VARIACIONES:

- Presente en dos tiempos; en platos hondos ponga la guarnición y sirva la sopa hirviendo en una sopera.
- Cocine en el caldo el kilo de pescado limpio junto con el cangrejo, por 4-8 minutos, déjelo enfriar, desmenúcelo y agregue al caldo con la base de la sopa y sirva en una sopera hirviendo.

NOTAS:

- El cangrejo deberá estar muy fresco, con olor a mar; si es congelado, con el agua cristalina sin aroma.
- El pescado fresco deberá tener la carne firme, los ojos brillantes y las agallas rojas.
- Lave el pescado y el cangrejo. Escurra y deje orear antes de utilizarlos en la receta.
- Lave las verduras con un cepillo o una esponja, después desinfecte por 15 minutos. Escurra y deje orear antes de utilizarlas en la receta.

CALDO
DE CAMARÓN SECO

PARA EL CALDO:

20	tazas de agua
6	zanahorias medianas, sin piel
1	poro chico cortado
½	apio chico cortado
1	cebolla mediana, cortada
4	dientes de ajo medianos, sin piel
2	cabezas de pescado huachinango, robalo o lisa, muy frescas, limpias
2½	cucharaditas de sal

PARA EL CAMARÓN SECO:

½	kg [18 oz] de camarón seco (no muy deshidratado)
2	tazas de agua caliente

PARA LA SALSA DEL CALDO:

8	chiles cascabel sin semillas, desvenados, limpios, asados ligeramente
2	chiles mulato sin semillas, desvenados, limpios, asados ligeramente
2	chiles guajillo sin semillas, desvenados, limpios, asados ligeramente
3	tazas de agua caliente
¾	cebolla mediana, cortada
2	dientes de ajo medianos, sin piel
4	cucharadas de aceite de oliva
½	cucharadita de sal o al gusto

PARA LA GUARNICIÓN:

2	tazas de agua caliente
1	taza de calabacita cortada en trocitos pequeños
1	taza de ejote cortado en trocitos pequeños
1	taza de papa cortada en trocitos pequeños
1½	cucharaditas de sal o al gusto

PARA LA PRESENTACIÓN:

200	g [7 oz] de camarón mediano, seco, limpio, sin caparazón, remojado, cocido
1	cebolla finamente picada
¾	taza de cilantro en ramitas
12	limones partidos en cuarterones
	Tortillas de maíz martajadas, asadas

PARA PREPARAR EL CALDO:

En una olla grande ponga a hervir el agua con la mitad de la sal; incorpore las zanahorias, el poro, el apio, la cebolla, los dientes de ajo y las cabezas de pescado. Sazone con el resto de la sal y continúe su cocción a fuego mediano durante 1½ hrs. Rectifique la sazón. Deje reposar y cuele el caldo. Resérvelo. El caldo no deberá quedar salado.

PARA PREPARAR EL CAMARÓN SECO:

Remoje los camarones en agua y cuélelos. En una cacerola ponga los camarones sin pelar y cúbralos con 2 tazas de agua caliente. Cocínelos por 5 minutos. Retírelos y déjelos reposar otros 5 minutos, no más, porque pierden su sabor y color. Reserve el agua donde se cocinaron. Retire el caparazón de los camarones; algunos déjelos enteros y el resto píquelos.

PARA PREPARAR LA SALSA DEL CALDO:

Ase los chiles ligeramente por ambos lados en un comal (sin llegar a quemarlos ya que amargan); colóquelos en un recipiente y cúbralos con el agua caliente, déjelos durante 5 minutos. Licúelos junto con la cebolla, los dientes de ajo y una taza de agua donde se remojaron, hasta que forme un puré. Cuélelo.
Precaliente una cacerola; incorpore el aceite y un poco de sal; añada el chile molido y el camarón entero. Cocine por 15 minutos moviendo constantemente. Vierta 16 tazas del caldo de pescado caliente, 1 taza del agua donde se cocinaron los camarones y el camarón picado. Deje que hierva. Continúe su cocción a fuego lento durante 15 minutos. La sopa debe quedar semiespesa. Rectifique la sazón.

PARA PREPARAR LA GUARNICIÓN:

En una cacerola ponga a hervir el agua con un poco de sal. Cuando esté hirviendo, añada la verdura picada por partes, cocínela hasta que esté al dente. Incorpore la verdura antes de servir el caldo.

PRESENTACIÓN:

Sirva caliente el caldo de camarón en tazas o jarros de barro junto con los camarones enteros, la cebolla, el cilantro, los limones partidos en rodajas y las tortillas asadas.

VARIACIONES:

- Los chiles cascabel y mulato pueden sustituirse por 4 chiles guajillo y 4 chiles pasilla. Si desea un caldo muy picoso añada chile de árbol.
- El caldo de camarón podrá servirse en vasitos tequileros para un cóctel.
- Agregue zanahoria sin piel, picada y cocida.

NOTAS:

- Lave las verduras y los chiles con un cepillo o una esponja, después desinfecte por 15 minutos. Escurra y deje orear antes de utilizarlos en la receta.
- El pescado fresco deberá tener la carne firme, los ojos brillantes y las agallas rojas.
- El camarón debe estar seco y no muy deshidratado.
- Tenga cuidado con la sal ya que el camarón es salado.
- El chile cascabel es el pequeño de color café rojizo.
- *Al dente* quiere decir crujiente.
- Lave el pescado y el camarón seco. Escurra y deje orear antes de utilizarlos en la receta.

CALDO
MICHI

PARA LA SOPA:

18	tazas de agua
8	zanahorias medianas, sin piel, rebanadas
3	cebollas medianas, picadas
½	cabeza de ajo grande sin piel, picada
1½	kg [3 lb] de jitomate maduro, rebanado o picado
6	cabezas de bagre, robalo, trucha, mojarra o carpa, muy frescas
3	cucharadas de orégano fresco
8	hojas de laurel frescas
80	ramas de cilantro atadas
20	ramas de albahaca atadas
8	chiles serranos frescos, enteros o partidos a lo largo por mitad
4	membrillos pequeños o ciruelas amarillas o verdes, cortados en tiras delgadas
1½	kg [3 lb] de filete de bagre, carpa, blanco del Nilo, blanco de Pátzcuaro o trucha de mar, muy frescos, limpios, cortados en 16 trozos medianos
2-2½	cucharadas de sal o al gusto

VARIACIÓN:

- Cuando hierva el caldo, agregue
  8 xoconoxtles asados sin semillas,
  cortados en tiritas.

NOTAS:

- Lave las verduras y los chiles con un cepillo
  o una esponja, después desinfecte por
  15 minutos. Escurra y deje orear antes de
  utilizarlos en la receta.
- El pescado fresco deberá tener la carne
  firme, los ojos brillantes y las agallas rojas.
- Lave el pescado, escúrralo y séquelo antes
  de utilizarlo en la receta.

PARA LA GUARNICIÓN:

4   limones rebanados al gusto
     Tortillas recién hechas

PARA PREPARAR LA SOPA:

En una cacerola grande ponga a hervir el agua
con la mitad de la sal; añada la mitad de las zanahorias, la cebolla y la cabeza de ajo. Cocine
con la cacerola sin tapar a fuego lento durante
20 minutos. Agregue la mitad del jitomate, las
cabezas de pescado, las hierbas de olor, la mitad de los chiles, la mitad de los membrillos y
el resto de la sal. Continúe cocinando durante
una hora y media. Retire un poco de caldo y
cocine los trozos de pescado de 4 a 6 minutos
antes de servir. Rectifique la sazón. Antes de
servir agregue la otra mitad de los ingredientes. Cocínelos durante diez minutos. Vuelva a
sazonar.

PRESENTACIÓN:

Coloque en 8 platos soperos calientes el
pescado cocido. Vierta el caldo hirviendo. Acompañe con limones y tortillas.

CHILPACHOLE
DE JAIBA

PARA EL CALDO:

18	tazas de agua
2	cabezas de pescado muy frescas
2	colas de pescado muy frescas
4	zanahorias sin piel, cortadas
2	ramitas de apio cortadas por la mitad
1½	cebollas medianas, cortadas en cuarterones
6	dientes de ajo medianos, sin piel
1	manojo chico de hierbas de olor
1¼	cucharada de sal gruesa o al gusto

PARA LA BASE DE CHILPACHOLE:

4	cucharadas de aceite de oliva
2-4	chiles ancho desvenados, remojados en agua hasta cubrirlos
2	chiles chipotle meco o mora, ligeramente fritos o 2 chiles jalapeños, asados y rajados
1½	cebollas medianas, cortadas en cuarterones
3	dientes de ajo medianos, sin piel
½	cucharadita de comino entero
1½	cucharaditas de orégano
14	ramitas de tomillo frescas
5	jitomates bola semimaduros, grandes
¼	taza de aceite de oliva
2	dientes de ajo medianos, sin piel
4	cucharadas de masa disuelta en el caldo
1	rama entera de epazote
1½	cucharadas de consomé de pollo en polvo o al gusto
1½	cucharaditas de sal o al gusto

PARA LA JAIBA:

1	kg [2 lb] de jaibas lavadas, escurridas, limpias
⅓	taza de aceite de oliva extra virgen o manteca
3	cucharadas de jugo de limón
½	cucharada de pimienta negra recién molida
2	tazas de agua
1½	cucharadita de sal o al gusto

PARA LA GUARNICIÓN:

8	limones cortados por la mitad

PARA PREPARAR EL CALDO:

En una cacerola ponga a hervir el agua; agregue las cabezas y las colas de pescado, las verduras, la cebolla, los dientes de ajo, las hierbas de olor y la sal. Cocine el caldo de pescado durante 1½ horas. Cuélelo. Muela la mitad de las verduras con el caldo. Apártelo.

PARA PREPARAR EL CHILPACHOLE:

Precaliente una sartén, fría ligeramente los chiles ancho y los chiles chipotle meco, por ambos lados. Remójelos durante 10 minutos. Escúrralos. En la licuadora o procesador muela los chiles remojados junto con la cebolla, el ajo, los cominos, el orégano, el tomillo y los jitomates. En una cazuela caliente el aceite de oliva, agregue la mitad de la sal y fría los dientes de ajo, retírelos en cuanto doren; incorpore la salsa molida, colada, refríala hasta que espese y salga su grasita. Vuelva a sazonar. Agregue la jaiba marinada, cocínela durante 8 minutos; añada el caldo con las verduras molidas, la rama de epazote y los chiles chipotles fritos o los chiles jalapeños rajados; incorpore la masa disuelta y colada poco a poco, con la

ayuda de un globo muévala. Cocine el chilpachole durante 20 minutos a fuego lento. Rectifique su sazón.

PARA PREPARAR LA JAIBA:

Limpie muy bien las jaibas, retire el caparazón del estómago y lávelas. En un recipiente coloque el aceite de oliva, el limón y las pimientas; marine las jaibas con estos ingredientes durante 25 minutos. Antes de servir ponga en una cacerola agua a calentar junto con la sal y cocine las jaibas durante 5 minutos. (Tendrán que quedar jugosas).

PRESENTACIÓN:

Sirva en platos hondos extendidos una jaiba partida por la mitad, una parte apoyada en el plato y la otra por encima. Sirva el caldo del chilpachole en una jarra y vierta el caldo alrededor de la jaiba. Aparte sirva los limones.

VARIACIONES:

- En una sopera sirva el chilpachole bien caliente, con las jaibas cortadas por mitad. Acompáñelo con limones y tortillas calientes.
- Sirva en un platón más jaiba y pase en una sopera la salsa del chilpachole hirviendo. Acompáñelo con limones.
- Sirva con jaiba limpia en forma de salpicón.

NOTAS:

- El pescado fresco deberá tener la carne firme, los ojos brillantes y las agallas rojas.
- Las jaibas deben estar muy frescas, con olor a mar, limpie la jaiba por su caparazón de abajo, retíreselo y enjuáguela.
- Lave el pescado, escúrralo y séquelo antes de utilizarlo en la receta.
- Lave las verduras y los chiles con un cepillo o una esponja, después desinfecte por 15 minutos. Escurra y deje orear antes de utilizarlos en la receta.

HUATAPE
DE CAMARÓN

PARA EL HUATAPE:

4-6	ajos medianos, sin piel
6	hojas de lechuga romanita
½	cebolla finamente picada
4-6	chiles serranos sin rabito
600	g [21 oz] de tomatillo sin cáscara
30	hojas de epazote
20	hojas frescas de la planta del chile o cilantro
4	cucharadas de aceite de oliva extra virgen o manteca
200	g [7 oz] de masa fresca o al gusto
18	tazas de agua o caldo (ver receta pág. 60, 62 ó 66)
1	kg [2 lb] de camarón barbón muy fresco, sin caparazón, desvenado o 500 g de camarón seco sin caparazón
1½-2	cucharadas de sal o al gusto

PARA LA GUARNICIÓN:

⅔	taza de cebolla finamente picada
2	chiles serranos o jalapeños, finamente rebanados o picados
24	hojitas de epazote finamente picadas u hojas de epazote pequeñas frescas
4	limones partidos por la mitad
4	cucharaditas de aceite de oliva extravirgen o de uva

PARA PREPARAR EL HUATAPE:

En el procesador muela los ajos, las hojas de lechuga, la cebolla, los chiles serranos, los tomatillos, las hojas de epazote y las hojas de chile. Muela hasta obtener un puré. En una cacerola caliente el aceite o la manteca y fría la mitad del puré por unos minutos. Sazone con sal. Añada el resto y tape la cacerola. Cocine a fuego lento durante 25 minutos hasta obtener una salsa espesa, muévala durante su cocción. Disuelva la masa fresca en una pequeña cantidad de agua, cuélela; agréguela a la salsa con el agua restante o el caldo. Continúe su cocción a fuego lento, muévala constantemente y déjela destapada hasta que espese ligeramente. Ase el camarón, cocínelo de 2 a 4 minutos hasta que adquieran un color rosado e incorpórelo. Vuelva a sazonar. En caso de que espese el huatape, incorpore más caldo.

PRESENTACIÓN:

Sirva en las orillas de platos cuadrados calientes, la cebolla, el epazote, los chiles serranos y el limón; al centro de cada plato coloque un camarón, rocíelo con aceite de oliva extra virgen. En una sopera ponga el huatape de camarón hirviendo, sírvalo.

VARIACIONES:

- En una sartén caliente con aceite de oliva ase 8 camarones de un lado y otro durante 1-2 minutos. Sazone con sal y pimienta.
- Agregue 2 chiles serranos, ¼ de cebolla y ½ taza de epazote, muélalos y agréguelos al huatape antes de servir. Rectifique la sazón.
- Agregue las cáscaras del camarón y las cabezas limpias al agua o al caldo y cuélelo.
- Sirva la sopa hirviendo en una sopera y aparte las guarniciones.

NOTAS:

- Lave las verduras y los chiles con un cepillo o una esponja, después desinfecte por 15 minutos. Escurra y deje orear antes de utilizarlos en la receta.
- El camarón deberá estar muy fresco, firme, con aroma a mar.
- Si se usa camarón seco utilice menos sal en el huatape.

SOPA DE TIRITAS
DE PAPA CON PESCADO <small>PARA 8 PERSONAS</small>

PARA EL CALDILLO DE JITOMATE:

¾	taza de agua
6	jitomates guaje maduros, cortados
½	cebolla mediana, cortada
2-3	dientes de ajo medianos, sin piel
¼	taza de aceite de oliva extra virgen, de maíz, de girasol o de uva
1	rebanadas de cebolla
1½	cucharadas de sal o consomé de pollo en polvo o al gusto

PARA LAS PAPAS Y EL PESCADO:

6	tazas de agua
6	papas grandes sin piel, cortadas en tiritas de 1 × 4 cm [⅓ × 1½ in]
4	ramas de apio chicas
10	ramitas de perejil atadas
2½	lt [4 pt] de caldo de pescado o pollo (ver pág. 62 ó 80)
800	g [28 oz] de filete de robalo, huachinango, sierra, rubia, lenguado o cabrilla cortado en tiritas de 1 × 2 cm [⅓ × ¾ in]
2-2½	cucharaditas de sal o al gusto

PARA PREPARAR EL CALDILLO DE JITOMATE:

En una licuadora agregue el agua, el jitomate, la cebolla y los dientes de ajo. Remuela bien y cuele. Precaliente una cacerola, agregue el aceite, sazone con un poco de sal; incorpore la rebanada de cebolla, dórela y retírela; vierta el caldillo, sazónelo con un poco de sal. Continúe cocinándolo hasta que espese y salga un poco de grasa. Rectifique la sazón.

PARA PREPARAR LA SOPA:

En una cacerola ponga el agua, sazone con una cucharadita de sal, cocine las tiras de papa durante 20 minutos o hasta que estén medio cocidas. Páselas a una coladera, escúrralas y apártelas. Añada al caldillo las ramas de apio y las ramitas de perejil. Vierta el caldo, cuando suelte el hervor agregue las papas. Cocine durante 15-20 minutos o hasta que estén suaves. Rectifique la sazón. Antes de servir añada las tiras de pescado a la sopa hirviendo, deje que de un hervor durante 1-2 minutos. De inmediato pásela a la sopera caliente.

PRESENTACIÓN:

En una sopera caliente vierta la sopa de tiritas de papa con pescado hirviendo. Sirva en platos hondos calientes.

VARIACIONES:

- Haga la sopa con caldo de pollo, agregue perejil picado, añada rajitas de chile curtido con un poco de vinagre.
- Sirva la sopa solamente con las tiritas de papa, con uno u otro caldo.
- Sirva la sopa con pescado poche, desmenuzado.

NOTAS:

- Lave las verduras con un cepillo o una esponja, después desinfecte por 15 minutos. Escurra y deje orear antes de utilizarlas en la receta.
- El pescado fresco deberá tener la carne firme, los ojos brillantes y las agallas rojas.
- Lave el pescado, escúrralo y séquelo antes de utilizarlo en la receta.

CREMA
DE CHÍCHARO

PARA LA CREMA:

3	tazas de agua
1½	cucharadita de sal
850	g [30 oz] de chícharos sin cáscara
½	kg [18 oz] de calabacitas picadas
1	hoja de laurel fresca
6	pimientas gordas enteras
2	cucharaditas de azúcar
40	g [1 oz] de mantequilla
3	cucharadas de aceite de oliva
½	cebolla grande rallada
4-6	tazas de leche
½	cucharadita de pimienta o al gusto
¾-1	cucharada de sal de grano o al gusto

PARA LA GUARNICIÓN:

2	dientes de ajo sin piel, molidos
½	baguette blanco o integral, cortado en rebanadas de 1 cm o en trocitos
¼	taza de aceite de oliva, de maíz, de uva o canola
40	g de mantequilla

PARA PREPARAR LA CREMA:

En una cacerola caliente el agua e incorpore la mitad de la sal. Cuando suelte el hervor añada los chícharos, las calabacitas, la hoja de laurel, las pimientas y el azúcar. Cocine las verduras durante 8 minutos o hasta que estén tiernas. Retire, deje enfriar y muélalas. Precaliente una cacerola, añada la mantequilla, el aceite e incorpore la cebolla rallada. Sazone con un poco de sal. Agregue las verduras molidas, cocínelas durante 6 minutos, vierta poco a poco la leche hasta llegar a la consistencia deseada. Vuelva a sazonar con la pimienta y la sal. Deje que hierva durante 20 minutos a fuego lento.

PARA PREPARAR LA GUARNICIÓN:

Precaliente una cacerola, incorpore la mantequilla y el aceite; agregue los dientes de ajo, el pan en trocitos. Deje que tomen un color dorado. Escurra sobre papel absorbente.

PRESENTACIÓN:

Sirva en cada plato o tazón caliente una porción de panecitos dorados en trocitos, vierta la sopa hirviendo.

VARIACIONES:
- Agregue al hervor de la sopa 1/2 taza de crema, 2 yemas batidas y 2 cucharadas de vino blanco.
- Sirva la sopa en una jarra caliente y vacíe en cada plato, ponga los panecitos aparte.
- El pan lo puede dorar en rebanadas y trocearlo con la mano o cortarlo en cuadritos.

NOTA:
- Lave las verduras con un cepillo o una esponja, después desinfecte por 15 minutos. Escurra y deje orear antes de utilizarlas en la receta.

SOPA DE ZANAHORIA
Y ELOTE

PARA LA SOPA:

2	cucharadas de aceite de oliva
2	cucharadas de mantequilla cortada
1	cebolla mediana cortada en cuarterones
3	dientes de ajo sin piel
3	ramas de apio rebanadas
½	poro rebanado
850	g [30 oz] de zanahorias sin piel, cortadas
6-8	tazas de caldo de pollo desgrasado
¾-1	cucharada de sal o al gusto

PARA LA GUARNICIÓN:

1	cucharada de mantequilla
2	elotes desgranados
½	cebolla rallada
½	taza de crema natural caliente
1	cucharada de mantequilla
1	cucharadita de sal o al gusto

PARA PREPARAR LA SOPA:

Precaliente una cacerola, agregue el aceite de oliva y la mantequilla; añada la cebolla, los dientes de ajo, el apio rebanado, el poro y las zanahorias. Sazone con un poco de sal; saltee la verdura y cocínela durante 10 minutos a fuego lento; incorpore el caldo. Continúe su cocción hasta que las verduras estén cocidas. Deje enfriar, muélalas. En una cacerola vierta el caldo restante y las verduras molidas. Déjelas hervir a fuego muy lento por 10 minutos. Rectifique la sazón.

PARA PREPARAR LA GUARNICIÓN:

Precaliente una cacerola, agregue la mantequilla, los elotes desgranados y la cebolla rallada. Cocine las verduras a fuego lento durante 6-8 minutos. Destápelas, vierta la sopa y la crema calientes. Si la sopa requiere un poco más de caldo, añádaselo.

PRESENTACIÓN:

En platos hondos calientes coloque 1½ cucharadas de granos de elote y sirva en una sopera la sopa hirviendo.

VARIACIONES:

- Agregue a la guarnición: 3 chiles serranos o jalapeños y 2 cucharadas de epazote finamente picados.
- La sopa puede ser colada.
- Agregue 3 tazas de caldo y 3 tazas de leche ó 2 tazas de crema dulce y 5 tazas de caldo. Rectifique la sazón.
- Dependiendo de la textura, se puede agregar más caldo.
- Antes de servir agregue 1 cucharadita de mantequilla, vuelva a sazonar y sírvala hirviendo.

NOTA:

- Lave las verduras con un cepillo o una esponja, después desinfecte por 15 minutos. Escurra y deje orear antes de utilizarlas en la receta.

CREMA DE HONGO
SILVESTRE

PARA EL CALDO DE POLLO:

20	tazas de agua
6	alones de pollo enteros
4	piernas de pollo con muslos
1	cebolla grande, cortada en cuarterones
2	cabezas de ajo partidas por la mitad
6	zanahorias sin piel
4	ramas de apio cortadas
¾	poro mediano, cortado
2	nabos sin piel
20	pimientas gordas enteras
1½	cucharada de consomé de pollo en polvo o al gusto
1¾	cucharadas de sal o al gusto

PARA LA SOPA DE HONGO:

⅓	taza de aceite
80	g [3 oz] de mantequilla o manteca
2	cebollas ralladas
6	dientes de ajo sin piel, finamente picados
6	chiles serranos o de árbol verde, finamente picados
1½	kg [3 lb] de hongo, combinando: champiñón, señorita, yema, pata de pájaro, seta o morilla, finamente fileteados
4	jitomates grandes, finamente picados
¾	taza de epazote finamente picado
10	ramitas de epazote con tallo, atadas
¾	cucharada de sal o al gusto

PARA LA GUARNICIÓN:

8	hojas de elote medianas, remojadas, atadas por la punta
2	tazas de hongo preparado
½	taza de crema para batir
½	taza de crema natural

PARA PREPARAR EL CALDO DE POLLO:

En una olla ponga el agua a hervir; agregue los alones, las piernas de pollo con muslo, la cebolla, las cabezas de ajo, las zanahorias, las ramas de apio, el poro, los nabos, el consomé, las pimientas y la sal. Cocine el caldo durante 1½ a 2 horas, desgráselo y cuélelo.

PARA PREPARAR LA SOPA DE HONGO:

Precaliente una cacerola, incorpore el aceite, la mantequilla o manteca y agregue las cebollas, los dientes de ajo, el epazote picado, los chiles serranos, los hongos, el jitomate y el epazote en ramitas. Cocine hasta que espese. Aparte 2 tazas de hongos para la guarnición. Sazone con sal y pimienta. Caliente el caldo e incorpórelo lentamente, cocínelo durante 20 a 25 minutos, retire las ramitas de epazote. Muela la sopa, incorpore el resto del caldo y agregue las cremas. Continúe su cocción. Rectifique la sazón.

VARIACIONES:

- Sirva la sopa con venas de chiles o chile de árbol frito.
- Agregue a la sopa ¾ kg [26 oz] de flor de calabaza al último momento cuando se está cocinando con el caldo.
- Muela la sopa con crema y continúe su cocción. Vuelva a sazonar.
- Si espesa la sopa, agregue 2 tazas de caldo.

PRESENTACIÓN:

En cada plato caliente coloque la hoja de maíz rellena con los hongos, pida al comensal que retire la hoja y sirva la sopa hirviendo.

NOTAS:

- Lave el pollo, escúrralo y séquelo antes de utilizarlo en la receta.
- Lave las verduras y los chiles con un cepillo o una esponja, después desinfecte por 15 minutos. Escurra y deje orear antes de utilizarlos en la receta.
- Salpique con harina los hongos y enjuáguelos con agua, escúrralos.

CREMA DE QUESO
AL TEQUILA

PARA EL CALDO DE POLLO:

20	tazas de agua
6	alones de pollo enteros
4	piernas de pollo con muslo
1	pechuga de pollo entera con hueso
1	poro mediano, cortado
2	nabos chicos, cortados
1	cabeza de ajo partida por la mitad
20	ramitas de perejil atadas
2	hojas de laurel frescas, atadas
2	ramitas de tomillo frescas, atadas
1½-2	cucharadas de consomé de pollo en polvo o al gusto
¾	cucharada de sal o al gusto

PARA LA SALSA BLANCA:

60	g [2 oz] de mantequilla
½	cebolla rallada
2	cucharadas de harina de trigo, arroz o fécula de maíz
⅓	taza de tequila o mezcal
4	tazas de leche caliente
6	tazas de consomé de pollo desgrasado, ligero, caliente
1	taza de vino blanco
500	g [18 oz] de queso Gruyère rallado
300	g [11 oz] de queso parmesano rallado
400	g [14 oz] de queso Chihuahua rallado
¾	cucharada de nuez moscada recién rallada o al gusto
½	cucharada de pimienta blanca recién molida
1	cucharadita de sal o consomé de pollo en polvo o al gusto

PARA LA GUARNICIÓN:

40	g [1 oz] de mantequilla
15	cebollitas de Cambray finamente picadas
4-6	chiles poblanos asados, sudados, sin piel, finamente picados

PARA LA PRESENTACIÓN:

1	chile poblano mediano, crudo, desvenado, cortado en medias lunitas
38	uvas verdes sin hueso cortadas a lo ancho en lunitas delgadas

PARA PREPARAR EL CALDO DE POLLO:

En una cacerola grande ponga a hervir el agua; incorpore un poco de la sal junto con las hierbas de olor, deje que suelte el hervor; añada las piezas de pollo junto con las verduras y el perejil; cocine a fuego mediano. Espume el caldo. A los 30 minutos retire la pechuga con un poco de caldo para que no se reseque. Continúe la cocción del resto de los ingredientes por 1½ hora más. Sazone. Retírelo del fuego, déjelo enfriar, desgráselo.

PARA PREPARAR LA SALSA BLANCA:

Precaliente una cacerola, añada la mantequilla; acitrone la cebolla rallada hasta que empiece a tomar color; incorpore el harina y dórela. Retire del fuego. Incorpore sin dejar de mover con el globo el tequila o mezcal, hasta que se evapore el alcohol, la leche caliente, el consomé y el vino blanco. Cocine hasta que reduzca un poco. Añada los 3 quesos y la nuez moscada. Sazone con un poco de sal o consomé al gusto y pimienta recién molida. Cocine a fuego lento durante 8 minutos, hasta que se derritan los quesos. Si espesa añada leche o crema. Si quedan grumos, licúela y pásela al baño María, para que no se separe.

PARA PREPARAR LA GUARNICIÓN:

Precaliente una sartén, incorpore la mantequilla, agregue las cebollitas, acitrónelas. Sazone con un poco de sal. Añada los chiles poblanos finamente picados y cocínelos durante 8 minutos, antes de servir incorpórelos a la sopa.

PRESENTACIÓN:

Ponga la sopa caliente en una sopera y sírvala en platos hondos o tazones, adorne con las uvas y el chile poblano cortados en lunitas.

VARIACIONES:

- Sirva la sopa caliente en cazuelitas individuales, adórnela con totopos, pechuga picada, aguacate, perejil y queso rallado.
- Sirva solamente con chile poblano asado, sudado, desvenado, cortado en cuadritos.
- Espolvoree polvo de chile piquín.
- Salpique queso parmesano.
- Añada queso tipo suizo en triangulitos.

NOTAS:

- Lave el pollo, escúrralo y séquelo antes de utilizarlo en la receta.
- Lave las verduras y los chiles con un cepillo o una esponja, después desinfecte por 15 minutos. Escurra y deje orear antes de utilizarlos en la receta.
- El caldo debe estar menos salado, por el queso.
- El caldo restante congélelo.

CREMA DE CHILE POBLANO
CON CHÍCHARO

PARA LA CREMA:

6	chiles poblanos grandes, asados, desvenados
600	g [21 oz] de chícharo limpio
40	g [1 oz] de mantequilla
4	cucharadas de aceite de oliva
1	cebolla mediana, cortada en cuarterones
3	dientes de ajo medianos, sin piel
4-6	tazas de caldo de pollo desgrasado, caliente (ver pág. 80)
1½	tazas de crema ligera tibia
1	cucharada de consomé de pollo en polvo o al gusto
1	cucharada de sal o al gusto

PARA LA GUARNICIÓN:

4	tazas de agua
2	papas cocidas, cortadas en cubitos de 1½ cm [½ in]
2	chayotes cocidos, cortados en cubitos de 1½ cm [½ in]
200	g [7 oz] de queso gruyère cortado en cuadritos de 1½ cm [½ in]
1	cucharadita de azúcar
1	cucharada de consomé de pollo en polvo
½	cucharada de sal o al gusto

PARA PREPARAR LA CREMA:

Precaliente una cacerola, ponga la mantequilla y el aceite de oliva; acitrone la cebolla junto con el ajo; agregue los chiles y los chícharos. Cocine a fuego mediano. Sazone con un poco de sal. Continúe cocinando hasta que las verduras estén suaves. Incorpore el caldo de pollo. Tápelo y cocine durante 8 minutos.

PARA PREPARAR LA GUARNICIÓN:

Separe el agua en dos cacerolas y póngalas a hervir. En una añada el consomé, cuando suelte el hervor incorpore las papas. Cocínelas hasta que estén suaves. Retírelas, quíteles la piel, déjelas enfriar y córtelas en cuadritos de 1½ cm. En la otra cacerola agregue el azúcar, el consomé de pollo en polvo restante y la sal. Cuando el agua esté hirviendo incorpore los chayotes, sin piel y cortados en cuadritos de 1½ cm. Cocínelos a fuego mediano durante 15 minutos o hasta que estén suaves. Escúrralos y apártelos.

PRESENTACIÓN:

Sirva en platos hondos calientes las papas, los chayotes y el queso. Pase la sopa hirviendo en una sopera y sírvala.

VARIACIONES:
- Ase un chile poblano, desvénelo y córtelo en trocitos. Ponga en cada plato los pedacitos de queso, la papa en pedacitos, el chayote y el chile. Hornee los platos durante 5 minutos, vierta la sopa bien caliente encima.
- Al último momento muela 1 chile poblano grande crudo, 1 diente de ajo sin piel, 1/4 de cebolla junto con 2 tazas de la sopa. Muélalo, cuélelo y vierta a la sopa. Vuelva a sazonar. Caliente la sopa y sírvala.

NOTAS:
- Lave las verduras y los chiles con un cepillo o una esponja, después desinfecte por 15 minutos. Escurra y deje orear antes de utilizarlos en la receta.
- Los chiles poblanos que tienen el rabito extendido son más picosos que los chiles que tienen el rabito enroscado.
- Si los chiles poblanos están picosos, mezcle agua, vinagre y sal, sumérjalos durante 10 minutos. Escúrralos.
- En caso de que la crema de chile poblano esté espesa, agregue más caldo o leche caliente.
- En caso de no utilizar el consomé de pollo en polvo, sazone con un poco más de sal.

CREMA DE ESPÁRRAGO VERDE

PARA LA CREMA:

4-6	tazas de agua de los espárragos
2½	kg [5½ lb]de espárragos sin piel, cortados 2 cm [⁴/₅ in] de la base
6	cucharadas de mantequilla
3	tazas de poro finamente rebanado
2½	tazas de cebolla finamente rebanada
1	taza de agua donde se cocinaron los espárragos
4	tazas de leche
2½	tazas de crema natural
½	cucharada de pimienta blanca
1½	cucharadas de sal o al gusto

PARA LA GUARNICIÓN:

4	cucharadas de mantequilla
8	cebollitas de Cambray finamente picadas junto con el rabito
24	puntas de los espárragos atadas
200	g [7 oz] de pasta de hojaldre o *vol-au-vents* miniatura
16	tiras de cebollitas de Cambray pequeñas, blanqueadas Sal y pimienta al gusto

PARA PREPARAR LA CREMA:

Corte las puntas de los espárragos y retire la piel a los tallos; lávelos, córtelos en tres partes. Aparte 24 puntas y los espárragos restantes.

En un recipiente ponga 6 tazas de agua, agregue ¾ de cucharada de sal. Deje que suelte el hervor y cocine las puntas durante 4-6 minutos o *al dente* para que queden verdes, refrigérelas en agua fría. En el agua donde se cocinaron las puntas agregue el resto de los espárragos, cuando el agua esté hirviendo, cocine por 8 minutos. Déjelos enfriar y muélalos con un poco de esa misma agua, el resto apártela. En un recipiente caliente la mantequilla, agregue el poro y la cebolla. Sofría hasta que doren ligeramente; incorpore el puré de espárragos, el agua donde se cocinaron junto con la leche, la sal y la pimienta. Cocine por 25 a 30 minutos. Muela la sopa y pásela por un colador fino. Rectifique la sazón. Agregue la crema lentamente a la sopa, moviendo hasta que quede completamente incorporada. Al momento de servir caliente la sopa a fuego lento.

PARA PREPARAR LA GUARNICIÓN:

Precaliente el horno a 300° C – 400° F. Precaliente una cacerola, añada la mantequilla y fría las cebollitas de Cambray hasta que doren ligeramente; agregue las puntas de los espárragos y saltéelas. Sazone con sal y pimienta. Si utiliza la pasta hojaldrada, extiéndala muy delgada sobre una superficie mojada y corte 16 rectángulos de 3 × 4 cm. En una charola engrasada hornee los rectángulos. Retírelos del horno.

PRESENTACIÓN:

Haga una lazada a tres puntas de espárragos con las tiras de las cebollitas Cambray a los rectángulos de la pasta de hojaldre cocida. En un extremo de platos hondos o tazones calientes coloque las puntas de los espárragos ó junto con las hojaldras. En una sopera o una tetera vierta la sopa hirviendo y sírvala.

VARIACIONES:

- Puede utilizar el mismo procedimiento para los *vol-au-vents*, rellenos con las puntas de espárragos y la sopa encima bien caliente.
- En los platos soperos coloque un cuadro de hojaldre, rellene con 3 ó 4 puntas de espárragos y ponga otro cuadro de hojaldre encima de las puntas. Vierta la sopa encima bien caliente. Sirva inmediatamente.
- En un extremo en platos hondos calientes coloque las puntas de los espárragos calientes con las hojaldras también amarradas. Sirva aparte la sopa hirviendo en una jarra o en una sopera.

NOTA:

- Lave las verduras con un cepillo o una esponja, después desinfecte por 15 minutos. Escurra y deje orear antes de utilizarlas en la receta.
- La pasta hojaldre antes de hornearla ya cortada, congélela.

SOPA
DE PALMITO

PARA LA SOPA:

⅓   taza de mantequilla
2   cucharadas de aceite de oliva
2   dientes de ajo sin piel, finamente picados
1½   cebolla mediana, cortada en cuarterones
1   poro rebanado
2   ramas de apio rebanadas
1½   kg [3 lb] de palmito fresco, o bien, 4 latas de palmito de 300 g [11 oz] cada una, escurridas
¾   cucharada de sal o al gusto
5-6   tazas de caldo de pollo desgrasado, caliente (ver pág. 80)
6-7   tazas de leche hirviendo
1   taza de crema natural
1   taza de crema para batir caliente
1½   cucharaditas de sal o al gusto

PARA LA GUARNICIÓN:

16   chiles piquín frescos, chicos, fritos ligeramente en poco aceite
4   cucharaditas de cebollín o rabitos de cebolla finamente rebanados

PARA PREPARAR LA SOPA:

Precaliente una sartén, incorpore la mantequilla, el aceite de oliva, agregue los dientes de ajo, la cebolla, el poro, el apio y el palmito. Sazone con un poco de sal al gusto y cocine a fuego lento por 25 minutos. Añada el caldo de pollo caliente y cocine hasta que el palmito esté suave. Retire del fuego, deje enfriar un poco. Muélalo en la licuadora o procesador. Cuélelo y páselo a otra cacerola mediana. Incorpore la leche hirviendo, vuelva a sazonar y añada poco a poco las cremas calientes. Mueva ocasionalmente. Cocine a fuego lento por otros 20 minutos. Rectifique la sazón. En caso de que la sopa espese, agregue más caldo o leche.

PRESENTACIÓN:

Sirva la sopa caliente en platos hondos, adorne con los chiles piquín y salpique con el cebollín.

VARIACIÓN:
- Sirva con chiles de árbol secos, ligeramente fritos.

NOTAS:
- Lave las verduras y los chiles con un cepillo o una esponja, después desinfecte por 15 minutos. Escurra y deje orear antes de utilizarlos en la receta.
- Cuando se utilice el palmito fresco, córtelo con un cuchillo filoso y llegue a su corazón. Pase el palmito por agua con limón para que no se oxide. Escúrralo y después cocínelo.
- El caldo para la sopa deberá estar en su punto, cuide que no se sale.
- Si la sopa queda espesa, agregue más leche caliente.

SOPA DE
OSTIÓN A LA CREMA

PARA LA CREMA:

60	g [2 oz] de mantequilla
1	cebolla mediana, rallada
2	cucharadas de harina
4	tazas de consomé de pescado caliente (ver pág. 62)
4	tazas de leche caliente
4	tazas de crema dulce caliente
5	frascos de ostiones muy frescos
1½	cucharaditas de semillas de apio molidas
1	cucharadita de pimienta blanca o al gusto
¾	cucharada de de sal o al gusto

PARA LA GUARNICIÓN:

64	ostiones frescos
8	cucharaditas de mantequilla suave
1	cucharadita de pimienta blanca o negra, recién molida
3	cucharadas de perejil, finamente picado

PARA PREPARAR LA CREMA:

Precaliente una cacerola derrita la mantequilla, agregue la cebolla y acitrónela; añada la harina para que se dore ligeramente. Retire la cacerola del fuego. En otro recipiente caliente la leche y la crema, una vez que haya soltado el hervor incorpórelos a la harina con la ayuda de un globo. Vuelva a poner la cacerola a fuego mediano. Sazone con las semillas de apio, la pimienta blanca y la sal. Continúe cocinando durante 20-30 minutos. En una cacerola reduzca la mitad del jugo de los ostiones, cocínelos en esta reducción de 15-20 minutos, aparte 64 ostiones y el resto incorpórelos a la crema.

PRESENTACIÓN:

En platos hondos extendidos calientes, coloque 8 ostiones calientes por persona, entrelazados formando una torre al centro. Vierta hirviendo la sopa en una tetera o sopera y sírvala.

VARIACIONES:

- Precaliente el horno a 175 °C-350 °F, de 45 minutos a 1 hora.
- Corte un baguette chico en rebanadas muy delgadas con mantequilla y cebollín. Cubra el pan cortado con papel aluminio y hornee durante 20 minutos. Páselo a una panera. Sirva el pan caliente.
- Añada una copita de jerez.
- Agregue pimienta negra, recién molida.
- Incorpore sal de apio.
- Caliente una cucharadita de mantequilla suave a cada tazón y vierta la sopa.

NOTAS:

- Lave las verduras con un cepillo o una esponja, después desinfecte por 15 minutos. Escurra y deje orear antes de utilizarlas en la receta.
- Los ostiones deberán estar muy frescos, su agua debe ser cristalina, no olorosa y transparente, si son de concha no deberá estar abierta.

SOPA DE FIDEO CHINO
CON VERDURA

PARA LA SOPA:

16	tazas de agua
20	rabos de cebollitas de Cambray
2½	tazas de col china cortada en trozos
3	nabos medianos, rebanados
1½	poros medianos, rebanados
1	cebolla cortada en cuarterones
½	cabeza de ajo sin piel
1	pollo limpio, cortado
1¼	cucharadas de sal o al gusto
500	ml [18 oz] de aderezo de Soya y Limón marca "Gavilla", colado

PARA LA GUARNICIÓN:

½   chicoria rebanada

400   g [14 oz] de espinaca u hoja
      de mostaza rebanada

1¼   tazas de germinado de alfalfa

1¼   tazas de germinado de frijol de soya

1   taza de cebollita de Cambray finamente
      rebanada

1   taza de aderezo de Soya y Limón marca
      "Gavilla", bien mezclado o colado

3   tazas de pollo finamente deshebrado

200   g [7 oz] de fideo transparente cocido
      con un poco de caldo

½   taza de cebollita de Cambray finamente
      rebanada en sesgo

½   taza de cebollín finamente rebanado

PARA PREPARAR SOPA:

En una olla ponga a hervir el agua, agregue la mitad de la sal. Añada las verduras. Cocine a fuego mediano durante ½ hora. Incorpore el pollo y el resto de la sal. Retire del fuego hasta que el pollo esté tierno. Deje enfriar el pollo en el caldo. Apártelo y deshébrelo finamente. Desgrase el caldo. Vuelva a calentar e incorpore el aderezo de Soya y Limón.

PRESENTACIÓN:

Sirva en platos profundos el caldo hirviendo, añada el pollo deshebrado, aderece con la Soya y Limón. Acomode las verduras crudas al lado, el fideo transparente. Adorne con las cebollitas y el cebollín. Sirva la sopa de inmediato.

VARIACIÓN:

- En una olla vierta el caldo desgrasado. Al soltar el hervor añada cuatro huevos batidos a través de un colador; incorpore la fécula de maíz disuelta en un poco de caldo tibio, cuélela y añádala a la sopa. Cocine hasta que esté transparente. Incorpore las verduras.

NOTAS:

- Lave las verduras con un cepillo o una esponja, después desinfecte por 15 minutos. Escurra y deje orear antes de utilizarlas en la receta.
- La chicoria es una col china.
- Lave el pollo, escúrralo y séquelo antes de utilizarlo en la receta.

GAVILLA

nacieron de la fecunda imaginación de Patricia Quintana, reconocida internacionalmente como una de las mejores chefs de México.

Los productos Gavilla están hechos con ingredientes naturales que le dan el toque de sabor y distinción a los platillos.

Estos aderezos y marinadas mantienen y guardan las cualidades de la tradición de la cocina casera.

ADEREZO DE MOSTAZA Y MIEL

Para ensaladas
Vegetales crudos o cocidos
(al vapor, a la plancha, o salteados)
Papas (al horno o ensalada)
Pescados y mariscos
Aves y carnes rojas
Carnes frías
Quesos

• Cocine alcachofas en agua con sal, escúrralas y báñelas con la vinagreta mientras estén calientes para que absorban el sabor.

• Prepare rebanadas de pan baguette o bolillos pequeños con una rebanada de queso brie y una de gruyère. Bañe con el aderezo y hornee hasta que los quesos se derritan. Sirva como botana.

• Cocine unos espárragos en agua con sal, escúrralos y bañe con el aderezo. Sirva como entrada o para acompañar pescado.

MARINADA DE ORÉGANO Y MEJORANA

Para marinar carnes y aves
Quesos (a la plancha o gratinados)
Verduras a la plancha

• Bañe unas pechugas de pollo con la marinada y cocínelas en una sartén gruesa. Acompañe con puré de papa.

• Rebane en tiras las pechugas marinadas y asadas; prepare una ensalada con jitomate, apio, aceitunas y aguacate. Añada un poco más de marinada fría antes de servir.

• Marine un queso panela, cocínelo en horno suave durante 20 minutos. Sirva como botana acompañado de pan integral.

MARINADA DE ACHIOTE

Para marinar pescados y mariscos
Cochinita, conejo o pollo a la pibil
Tamales
Mixiotes

• Marine pechugas de pollo con el achiote
y cocine en una sartén gruesa al carbón. Acompañe
con esquites servidos en hoja de elote. Sirva caliente.

• Bañe unos filetes de pescado y cocine al vapor
envueltos en hoja de plátano. Acompañe con arroz.

• El lomo de puerco puede marinarlo y cocerlo
al horno (destapado o tapado con papel aluminio),
bañe con el jugo durante la cocción.

• Sazone los frijoles refritos con 2 cucharadas
de achiote.

ADEREZO DE SOYA Y LIMÓN

Para ensaladas
Vegetales crudos o cocidos (al vapor, a la plancha, o salteados)
Arroz
Pasta fría
Quesos suaves
Sushi, pescados y mariscos
Para marinar brochetas (de aves y carnes rojas)

• Prepare unas pechugas deshuesadas y áselas en la plancha.
Añada un poco de aderezo antes de servirlas.

• Haga un caldo con fideos chinos, germinados, hongos y chícharos
chinos. Cuando suelte el hervor añada un poco de aderezo y cocine
hasta que las verduras estén listas. Sirva la sopa caliente.

• Cocine arroz blanco y antes de terminar la cocción incorpore
un poco de aderezo. Tape el recipiente y termine de cocinar.
Prepare una tortilla de huevo, píquela y sirva encima del arroz.